참 쉬운

하루 애나
그림 이디엄

①

Contents

Contents

Contents

6 우리 몸에 비유한 이디엄 ⟨ 나쁜 일은 냄새도 맡지 말기

7 일상을 표현하는 이디엄 ⟨ 땅을 파듯, 먹을 것을 파자

Contents

 INDEX 색인

Features

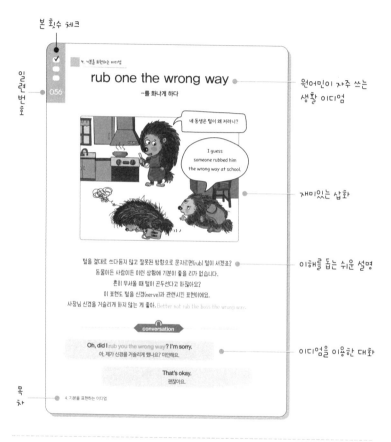

본 횟수 체크

일련 번호

4. 기분을 표현하는 이디엄

rub one the wrong way
~를 화나게 하다

네 동생은 털이 왜 저러니?

I guess someone rubbed him the wrong way at school.

원어민이 자주 쓰는 생활 이디엄

재미있는 삽화

털을 결대로 쓰다듬지 않고 잘못된 방향으로 문지르면(rub) 털이 서겠죠?
동물이든 사람이든 이런 상황에 기분이 좋을 리가 없습니다.
흔히 무서울 때 털이 곤두선다고 하잖아요?
이 표현도 털을 신경(nerve)과 관련시킨 표현이에요.
사장님 신경을 거슬리게 하지 않는 게 좋아. Better not rub the boss the wrong way.

이해를 돕는 쉬운 설명

conversation

Oh, did I rub you the wrong way? I'm sorry.
아, 제가 신경을 거슬리게 했나요? 미안해요.

That's okay.
괜찮아요.

이디엄을 이용한 대화

목차

이디엄을 이용한 대화 conversation는 **원어민 음성 MP3파일이 제공됩니다.**
랜덤으로 제공되는 저자의 음성 강의도 함께 들을 수 있습니다.

① **PC** www.global21.co.kr [학습자료실]에서 다운로드
② **휴대폰** 앱으로 왼쪽의 QR코드를 찍으세요.

(다운로드 및 실시간 재생 시 데이터 사용에 주의하세요. Wi-Fi 환경 권장)

일러두기

▶ 본 책은 1권과 2권으로 구성되며 총 340개의 이디엄이 수록되어 있습니다.

▶ 표제어의 특성상 이디엄 속 소유격은 one's, 목적격은 one으로 대표하였습니다.

▶ 각 권 끝에는 본 책에 수록된 이디엄이 알파벳순으로 정리되어 있습니다.

▶ MP3파일로 제공되는 대화conversation 속 남자는 호주인, 여자는 미국인입니다.

▶ www.global21.co.kr [학습자료실]에서 본 책의 원어민 음성 및 저자 강의 MP3
와 연습문제 PDF 파일을 다운받을 수 있습니다.

cut the cheese

방귀를 뀌다

치즈에서는 방귀 냄새와 같이 고약한 냄새가 나잖아요?
그래서 치즈를 자른다는 말은 방귀를 뀐다는 뜻이 돼요.
이외에도 break wind, toot, fart 등 여러 가지 표현이 있는데
cut the cheese도 재미있는 표현이에요.
누가 방귀 뀌었어? Who cut the cheese?

Did you just cut the cheese?
너 방귀 뀌었어?

No. Not me.
아니, 내가 안 뀌었어.

butter one up

~에게 아첨하다

좀 도와줘!
사장에게 버터 좀 바르려면
네 도움이 필요하다고!

사람에게 버터를 듬뿍 바른다는 것은

그 사람을 지나치게 칭찬한다(praise), 아부한다(flatter)는 말이에요.

참고로, 칭찬해주는 사람에게 겸손하게 응답할 때 I'm flattered.라고 해요.

많이 쓰는 표현이니 함께 알아두세요.

가서 그녀에게 아부 좀 떨어봐. Go butter her up.

conversation

Do you think Dad will allow me to drive his car?
아빠가 나한테 차를 몰도록 허락해주실까?

Go butter him up. He might let you use the car.
가서 아부 좀 떨어봐. 차를 쓰라고 허락하실 수도.

cheesy

저급한, 식상한

우유가 발효된 치즈(cheese)는 약간 느끼해요.

이 단어에 y를 붙이면 치즈처럼 느끼하다는 뜻으로,

어떤 것이 질이 떨어진다든가 상황이 오글거린다든가 할 때 이 표현을 써요.

막장 드라마나 뻔한 로맨스 영화를 폄하할 때에도 쓸 수 있어요.

그건 그냥 뻔한 TV 드라마야. That's just a cheesy TV drama.

How was the movie last night? Did you like it?
어젯밤에 영화 어땠어? 마음에 들었니?

Oh, it was just a cheesy horror movie.
The special effects were so cheesy and unconvincing.
그냥 싸구려 공포영화였어. 특수효과가 너무 싸구려 티가 나고 설득력이 없었어.

in a pickle

곤경에 빠진

절인 피클(pickle) 상태에 빠져 있는 것은
곤란한 상태에 처해 있다는 뜻이에요.
식초, 설탕 등에 담긴 채소들은 사람으로 치면 늪에 빠진 것과 같겠죠?
또는 끈적끈적한 잼에 빠진 것에 비유해 in a jam이라고도 합니다.
나 곤경에 처해 있어. I'm in a pickle.

Would you lend me some cash? I'm a bit in a pickle.
현금 좀 빌려줄래? 나 좀 난처한 입장이야.

Okay. How much do you need?
알았어. 얼마가 필요한데?

1. 음식에 비유한 이디엄

a couch potato

게으름뱅이

감자(potato)를 한 곳에 오래 두면 색이 변하고 싹이 나죠?
하루 종일 소파(couch)에 앉아서 감자칩을 먹으면서 TV만 보는
게으른 사람을 감자에 비유해요.
사람의 존재는 미미해지고 소파와 감자칩만 남는 것이죠.
넌 TV만 보고 게을러. You are a couch potato.

conversation

How's John doing these days?
요즘 John 어떻게 지내고 있어?

Since he was laid off, he's just watching TV.
He's become a total couch potato.
해고된 이후로 TV만 보고 살아. 완전 게으름뱅이가 되었다니까.

1. 음식에 비유한 이디엄

a piece of cake

너무 쉬운 것

> 이쯤이야.
> It's a piece of cake.

우리말에는 떡이 들어간 속담이나 표현들이 많은데,

영어에는 케이크(cake)가 들어간 표현들이 꽤 있어요.

케이크 한 조각은 우리말의 '누워서 떡 먹기'와 비슷한 말이에요.

어떤 것이 너무 쉽다고 할 때 It's easy.도 괜찮지만,

It's a piece of cake.라고도 말해보세요.

conversation

Your father made this chair? How did he do that?
너희 아버지가 이 의자를 만드셨다고? 어떻게 하셨어?

It was a piece of cake for him. He is a carpenter.
아버지한테는 누워서 떡 먹기야. 목수시거든.

the icing on the cake

금상첨화

icing이란 케이크나 쿠키에 바르는 당의를 말해요.

장식적인 효과와 함께 단맛도 내고, 건조를 방지하는 역할까지 한대요.

그러니 좋은 일 위에 또 좋은 일을 더한다는 뜻입니다. What is better라고도 해요.

나 승진했어. 더 좋은 것은 주 4일 근무라는 거지.

I got promoted. The icing on the cake is that I work only 4 days a week.

Mike is finally getting married with Kelly this month!
드디어 이번 달에 Mike가 Kelly와 결혼해!

I know. Isn't it exciting?
The icing on the cake is that he's going to be a dad soon.
그러게. 신나지 않아? 금상첨화인 것은 곧 그가 아빠가 된다는 거야.

1. 음식에 비유한 이디엄

sell like hot cakes

불티나게 팔리다

지구온난화 때문에
알래스카에서 선풍기가
불티나게 팔릴 거라고 했잖아!?

핫케이크는 팬케이크와 같은 말이고, 팬케이크는 미국인들의 주식.

사람들이 많이 먹으니까 어디 내놔도 날개 돋친 듯 팔리는(fly off the shelves)

물건인 것이죠. 핫(hot)한 케이크예요.

우리말의 '불티나게 팔리다'와 비슷해요.

이 아이템은 불티나게 팔릴 거야. This item will sell like hot cakes.

conversation

As soon as the brewery opened,
their craft beer sold like hot cakes.
그 양조장은 문을 열자마자 수제 맥주를 불티나게 팔았어.

People were tired of the 'boring beer' produced by huge companies.
사람들이 큰 회사에서 생산하는 '지루한 맥주'에 싫증을 느낀 거지.

pie in the sky

그림의 떡

갖고 싶어도 가질 수 없는 것을 우리말로 '그림의 떡'이라고 하죠?

이 표현은 1900년대 초 The Preacher and the Slave라는 노래의 가사에서 유래합니다.

굶주린 사람들보다 영적 구원에 집중하는 교회를 풍자하는 내용이라고 해요.

You'll get pie in the sky when you die.

열심히 일하다 죽어서 천국에서 파이를 먹게 될 것이다.

I thought Jena moved to California to become a model.

Jena가 모델이 되려고 캘리포니아로 이사 갔다고 생각했는데.

She didn't even leave this town.

It seems like her dream was just pie in the sky.

이 도시를 떠나지도 않았어. 그녀의 꿈은 뜬구름 잡기에 지나지 않았던 것 같아.

1. 음식에 비유한 이디엄

a knuckle sandwich

주먹질

knuckle은 손을 주먹 쥐었을 때 튀어나오는 손가락 관절을 말해요.
여기에 sandwich를 붙이면 얼굴에 한 방 날리는 주먹질이라는 뜻이 됩니다.
우리말에 '알밤을 먹는다'라는 표현이 있듯이,
때리는 것을 먹는 샌드위치와 연결하는 게 흥미롭죠?
너 한 대 맞는다. You'll get a knuckle sandwich.

If you say that again, I'll give you a knuckle sandwich.
너 다시 한 번 그 말 하면 주먹으로 한 대 맞는다.

Oh, yeah? Come on then. Let's go outside.
오, 그러셔? 그럼 밖으로 나가자.

work for peanuts

쥐꼬리만큼 받고 일하다

우리말에서는 월급이 쥐꼬리만 하다고 하잖아요?
적은 봉급을 영어에서는 땅콩(peanut)에 비유해요.
If you pay peanuts, you get monkeys.
임금을 박하게 주면 원숭이 밖에 채용 못한다는 이런 속담도 있어요.
나 요즘 쥐꼬리만 한 월급 받고 일하고 있어. I'm working for peanuts.

My wage is less than 7,000 won per hour.
나 시간당 7천원보다 적게 받아.

Wow! That's working for peanuts!
와! 쥐꼬리만큼 받고 일하네!

1. 음식에 비유한 이디엄

in a nutshell

요약해서

nutshell은 호두, 밤, 은행 등 나무 열매의 단단한 껍데기를 말해요.
그 안에서 보호받고 있는 작은 알맹이는
가장 중요하고 중심이 되는 사실에 비유되는 거예요.
그러니 요약해서 핵심만 말할 때 씁니다.
요점만 말할게. Let me put it in a nutshell. (여기서 put은 say를 뜻해요.)

I heard you had dinner with Karen last night.
지난밤에 네가 Karen하고 저녁 먹는 걸 봤어.

Well, to put it in a nutshell, we decided to start all over again.
음, 간단히 말하자면, 우리 처음부터 다시 시작하기로 했어.

spill the beans

비밀을 누설하다

Stop spilling the beans
in my kitchen!

고대 그리스에서는 비밀 투표를 할 때 콩(bean)을 이용했다고 해요.
항아리 안에 하얀 콩을 넣으면 찬성,
검은 콩을 넣으면 반대의 뜻이었다고 하는데,
그 콩이 든 항아리를 쏟는다면(spill) 비밀 투표가 누설되는 것이죠.
누가 비밀을 폭로했지? Who spilled the beans?

conversation

I was planning to surprise my wife with tickets
for a Caribbean cruise, but someone spilled the beans.
카리브 크루즈 티켓으로 아내를 놀래주려고 했는데 누군가가 그 정보를 흘렸어.

Oh, who did that?
누가 그랬어?

1. 음식에 비유한 이디엄

the apple of one's eye

~에게 가장 소중한 존재

눈알의 한가운데에 있는 동공이 사과와 닮아서
누군가의 눈 속 사과는 그 사람의 소중하고
사랑스러운 존재를 일컫는 말이 되었습니다.
우리말에 '눈에 넣어도 아프지 않다'는 말과 비슷해요.
너는 나에게 아주 소중한 존재야. You are the apple of my eye.

You take trips to Boston quite often.
보스턴으로 여행 자주 가네.

I know. My son lives there.
You know he's the apple of my eye.
응. 아들이 거기 살아. 나한테는 제일 사랑스러운 존재잖아.

cherry-pick

최고를 선별하다

다소 공평하지 않게 선별할 때 쓰는 표현이에요.

케이크를 먹을 때 체리만 골라 먹는 사람이 있듯이, 농구 경기에서 골대 근처에 머물면서

득점하기 쉬운 공만 노리는 사람을 cherry-picker라고 해요.

그 시합을 위해 최고의 선수들로 선별해야 해.

We have to cherry-pick the best players for the game.

conversation

No, not that one.

We have to cherry-pick the best lumber for the floor.

아니, 그거 안 돼. 바닥에 최고로 좋은 목재를 선별해야 해.

There's nothing wrong with this lumber, I think.

이 목재는 아무 문제가 없는 것 같은데.

1. 음식에 비유한 이디엄

low-hanging fruit

쉬운 목표

These are low-hanging fruit.

너는 따기 쉽겠지!

낮은 데에 걸린(low-hanging) 열매는 높은 데에 걸린 것보다는 따기가 쉽죠.
그러니 쉽게 얻을 수 있는 것을 뜻해요.
또는 어수룩하여 쉽게 물건을 팔 수 있는 손님,
소위 '호갱'을 비유하기도 합니다.
쉬운 것부터 시작합시다. Let's start with low-hanging fruit.

conversation

We shouldn't be satisfied with the low-hanging fruit.
Let's hard-sell customers on our product.
손쉬운 타깃에 만족해서는 안 돼. 우리 제품을 소비자들에게 적극적으로 판매해 보자.

Okay!
알겠어!

buy a lemon

고물차를 사다

레몬(lemon)은 그 신맛 때문인지는 몰라도
'불량품'이라는 부정적인 의미가 있어요.
특히 중개인에게 속아서 고장이 잦은 차를 샀을 때 이렇게 말해요.
중고차를 하나 샀는데 완전 고물이야. I bought a used car but it's a total lemon.
고물차를 사지 않도록 조심하세요. Be careful not to buy a lemon.

Make sure to check if the car got inspected.
Otherwise, you might end up buying a lemon.
자동차가 검사를 받았는지 정확히 확인해. 안 그러면 고물차를 사게 될지도 몰라.

Okay! I will.
응, 그렇게!

1. 음식에 비유한 이디엄

a ballpark figure

대략적인 숫자

ballpark는 야구장을 가리키고, figure는 수치, 숫자를 뜻해요.

야구장은 워낙 넓어서 관람객의 숫자를 정확히 파악하기 힘들다고 해요.

그러니 대충 어림잡은 숫자라는 데서 이렇게 비유하여 표현하는 것이죠.

그냥 대략적인 숫자만 줘봐. Just give me a ballpark figure.

How many people attended the meeting last weekend?
지난 주말 모임에 몇 명이나 참석했니?

I'd say 40? But that's just a ballpark figure.
40명쯤? 근데 어림잡은 거야.

gain the upper hand

우위를 차지하다

두 사람이 막대기를 세워 놓고 한 손씩 교차로 잡으면서 올라가는 게임 아시죠?
막대기 끝, 그러니까 가장 위에 손이 있는 사람이
우선권을 갖거나 통제권을 갖는다는 표현이에요.
야구에서 즉흥적으로 팀 선수를 선발할 때 배트를 세워놓고
이런 식으로 선발 우선권을 가졌다고 해요. gain 대신 have를 써도 돼요.

Is the forest fire in Canada still spreading?
캐나다 산불이 아직도 번지고 있어?

Fortunately, fire fighters have gotten the upper hand on it since last night.
다행히 소방관들이 지난밤부터 통제하기 시작했어.

right off the bat

즉시, 바로

Right off the bat,
당신이 제 짝이라는 걸 알았어요!

야구 경기에서 타자는 투수가 던진 공을 배트(bat)로 치면
반사적으로 1루로 뛰잖아요.
상대팀이 공을 던져서 아웃 되기 전에 재빨리 1루로 가야 하는 거예요.
그래서 이 표현은 right away, immediately와 같은 뜻이 돼요.
난 바로 알았어. I knew it right off the bat.

How's your life in the countryside?
시골살이 어때?

It wasn't easy at first. The neighbors didn't accept us
right off the bat, but now we are okay.
처음에는 쉽지 않았어. 이웃들이 우리를 바로 받아들이지는 않았지만, 지금은 괜찮아.

take a rain check

다음 기회로 미루다

미국에서는 비가 와서 야구 경기가 취소되면
다음에 경기를 볼 수 있는 표를 주었는데, 그걸 a rain check이라고 해요.
경기를 다음으로 미루니 그때 오라는 것이죠.
(초대를 거절할 때) 다음으로 미루죠.
I have to take a rain check. 또는 Can I take a rain check?

Why don't you come over for supper tonight?
오늘 밤에 저녁 먹으러 올래요?

**Thank you for inviting me, but can I take a rain check?
I'm kind of busy today.**
초대 감사합니다만, 다음으로 미룰 수 있을까요? 오늘은 좀 바쁘네요.

2. 스포츠에서 유래한 이디엄

in the bag

확실한, 끝난

> The game is in the bag.
> 우리가 이긴 거야!

뉴욕 자이언츠 야구팀 선수들 사이에 이런 미신이 있었대요.
경기를 이기고 있을 때 야구공이 든 가방(ball bag)을 경기장에서 갖고 나가면,
그 경기는 그대로 이기는 게 확실하다는 믿음이요.
선거나 운동경기에서 이기는 게 거의 확실할 때 쓰는 표현이에요.
한 골만 더 넣으면 경기 끝이야. Once we score another goal, the game is in the bag.

conversation

Oh, no! The other team scored another goal!
This game is in the bag!
이런! 상대팀이 또 한 골 넣었어! 이 경기는 끝났어!

Let's just go home.
그냥 집에 가자.

out of left field

뜻밖에

경기장의 왼쪽에서부터 날아온 공처럼 예상치 못하게
갑자기 일어난 일에 대해 말할 때 써요.
야구에서 좌익수가 공을 1루로 던져서 타자를 아웃 시키는 일은 흔치 않다고 해요.
참고로 out in left field라고 하면 '머리가 이상한, 별난'이라는 의미가 있어요.
그의 등장은 완전 놀라운 것이었어. His show up was totally out of left field.

Did you hear what Sally suggested for our group presentation?
우리 조 발표에 대해 Sally가 제안한 것 들었어?

I did. Her idea was totally out of left field.
응. 그 애 아이디어는 정말 엉뚱해.

2. 스포츠에서 유래한 이디엄

a level playing field
공정한 경쟁의 장

럭비 경기장의 땅이 고르지 못하다면 어느 팀에게는 불리한 경기가 되겠죠?
level은 평평하고 고른 상태를 말해요.
경기장이 고르면 우승의 기회가 공평하게 주어지는 것일 테고요.
우리말에도 '기울어진 운동장'이라는 말이 있어요.
모두를 위한 공정한 경기야. It's a level playing field for everyone.

Shouldn't the girls start running 10 minutes earlier than the boys?
여자들이 남자들보다 달리기를 10분 더 일찍 시작해야 하지 않을까요?

No way! Everyone has a level playing field.
말도 안 돼! 모두가 공정한 경쟁의 기회를 갖는 거야.

out of one's league

~에게 과분한

야구나 축구 경기에는 리그(league)라는 게 있어요.

잘하는 정도에 따라 팀을 리그로 나누는 거예요.

선수의 능력, 재능, 성취 등에 따라 서로 다른 리그에 있을 수 있죠.

이 표현은 일반적으로 데이트 상대에 비해 자기가 부족하다고 여길 때 많이 써요.

(마음에 들지만) 나한테는 과분한 남자야. He is out of my league.

conversation

I want to buy a Mercedes Benz.
메르세데스 벤츠 사고 싶어.

An expensive car is out of our league, don't you think?
비싼 차는 우리한테 과분해, 안 그래?

2. 스포츠에서 유래한 이디엄

jump the gun

성급하게 굴다

달리기나 수영 대회에서는 심판이 총을 쏘는 게 경기 시작의 신호잖아요.
출발선에 선 선수들은 총소리를 듣고 출발하는 게 규칙이에요.
그런데 이 총소리를 듣기 전에 튀어나가는(jump) 것은
성급히 판단하고 행동하는 모양새인 것이죠.
너무 성급히 판단하지 마. Don't jump the gun.

My boyfriend is cheating on me.
I saw him with a woman at a coffee shop this morning.
남자 친구가 바람을 피워. 오늘 아침에 어떤 여자랑 커피숍에 있는 걸 봤어.

Don't jump the gun. Maybe she's just his friend or a coworker.
성급히 판단하지 마. 친구나 직장 동료일 수도 있잖아.

be saved by the bell

구사일생으로 살아나다

I was saved by the bell!

권투 경기에서는 종(bell) 소리로 라운드의 시작과 끝을 알려요.

선수가 녹다운되기 직전에 종이 울리면,

그 선수에게는 종이 생명의 은인(life saver)이 되는 것이죠.

위기상황에서 뜻밖의 일 덕분에 가까스로 위험에서 벗어나는 경우에 이렇게 말해요.

나 구사일생으로 살았어. I got saved by the bell.

**So, when Mr. Brown asked you the question,
did you know the answer?**
그래서 Brown 선생님이 질문했을 때 너는 답을 알고 있었어?

Of course not! Then the bell rang. I was literally saved by the bell!
물론 몰랐지! 그때 종이 울렸어. 말 그대로 종이 날 살린 거야!

2. 스포츠에서 유래한 이디엄

throw in the towel

포기하다

권투 경기에서는 선수의 땀을 닦던 수건(towel)을
코치가 링 안에 던져 자기 선수의 기권을 표시했다고 해요.
quit, give up의 뜻이에요.
링 안으로 던져 넣는 것이니 throw in이라고 하는 거예요.
아직은 포기하지 마. Don't throw in a towel yet.

This boxing match is so exciting!
The guy is really getting beat up.
이 권투 경기 정말 흥미진진하다! 저 선수는 정말 얻어터지고 있네.

He's not going to throw in the towel, though.
그래도 그는 포기하지 않을 걸.

a low blow

야비한 짓

오케이. 규칙이다. 잘 들어.
no low blows, no kicking, no ...

권투에서 허리 아래를 타격(blow)하는 것은 반칙이고
치사한 행동이라는 데서 유래한 표현이에요.
모욕감을 주는 짓이기도 하죠!
네가 나를 일러바치다니, 야비한 행동이었어.
You ratted on me. That was a low blow.

conversation

You always bring up my ex-girlfriends to push me into a corner.
That's a low blow!
너 나를 궁지에 몰려고 내 옛날 여자 친구들 이야기를 꺼내는데, 그건 비열한 짓이야!

What? You always compare me with your exes.
뭐? 네가 항상 전 여자 친구들하고 나를 비교하잖아.

2. 스포츠에서 유래한 이디엄

drop the ball

실수로 망치다

농구나 배구 같은 구기운동에서
선수가 공을 놓치는 것은 실책이 되죠?
경기를 망치게 하는 원인이 될 수 있어요.
make a mistake과 같은 뜻이랍니다.
실수하지 않도록 조심해. Be careful not to drop the ball.

I think everything is all set. Let's wrap it up and go home!
모두 다 정리된 것 같아. 이제 끝내고 집에 가자!

We should go check on John.
You know, he always drops the ball at the last moment.
가서 John을 체크해야 해. 그는 항상 마지막 순간에 실수하잖아.

2. 스포츠에서 유래한 이디엄

on the ball

훤히 꿰뚫고 있는

I should be on the ball.

공에서 눈을 떼지 마라. Keep your eye on the ball.

이 표현을 줄여서 on the ball이라고 해요.

공으로 하는 운동경기에서는 중요한 규칙이겠죠?

일에 있어 빈틈없이 주의를 잘 기울인다는 뜻이에요.

직장에서 그는 항상 상황을 잘 꿰뚫고 있어. He's always on the ball at work.

conversation

How was his lecture?

그 사람 강의 어땠어?

**It was great! He was on the ball when he noticed that
we were bored and quickly cracked a joke.**

정말 좋았어! 우리가 지루해 하는 걸 알아채고 재빨리 농담을 하더라고.

2. 스포츠에서 유래한 이디엄

The ball is in one's court.

~가 행동할 차례다.

테니스 경기에서 나온 표현이에요.

공이 상대편 코트에 떨어지면 이제 상대 선수가 칠 차례가 되는 거잖아요?

공을 넘기며, It's your turn. 또는 The ball's in your court.라고 말할 수 있어요.

비즈니스에서는 다음 제안을 할 차례라는(make the next offer) 의미가 될 테고요.

이제 공은 우리에게 넘어왔다. Now, the ball is in our court.

conversation

I told him if he pays for my hospital bills,
I would drop the charges against him.
그에게 내 병원비를 내준다면 소송을 취하하겠다고 말했어.

I see. The ball is in his court.
그렇군. 이제 그가 결정할 차례네.

back to square one

다시 원점으로 돌아가는

보드게임 중에 칸마다 번호가 있어서

플레이어가 주사위를 던져서 어떤 칸(square)에 도착하면

사다리를 타고 위로 올라가거나, 뱀을 타고 밑으로 내려가야 하는 게임이 있어요.

뱀이 있는 칸에 도착하면 뒤로 가야 하니까 다시 원점으로 돌아가는 게 돼요.

그 문제는 다시 원점으로 돌아갔어. The matter went back to square one.

The idea we came up with was rejected at the meeting.
우리가 낸 아이디어가 회의에서 거부당했어.

Then it's back to square one. Let's start over!
그럼 다시 원점이네. 다시 시작하자!

2. 스포츠에서 유래한 이디엄

The tables have turned.

상황이 역전되었다.

Backgammon이라는 보드게임에서 나온 표현인데
그 게임판을 테이블(table)이라고 한대요.
경기가 자신에게 불리할 때 테이블을 돌리면 수가 보인다고 해요.
the tables 대신 things 또는 situation이라고도 말해요.
이제 상황이 바뀌었지. Things have changed. 또는 The tables have turned.

I could never beat you in a ping pong match,
but the tables have turned!
너를 탁구 경기에서 한 번도 이겨본 적이 없지만 이제 상황이 역전되었어!

That's what you think.
그건 네 생각이지.

pass the buck onto

~에게 책임을 전가하다

나도 손가락질할
손이 있다면 좋겠군.

포커 게임에서 다음 딜러가 되는 사람에게
사슴(buck)의 뿔로 손잡이를 만든 칼을 돌렸다고 해요.
그러면 그 사람에게 책임이 돌아가는 게 돼요.
다른 사람에게 책임을 돌리는 것을 말할 때 써요.
나한테 책임 전가하지 마. Don't pass the buck onto me.

He never admits to his mistakes.
He always blames other staff members.
그는 자기 실수를 절대 인정하지 않지. 항상 다른 스태프들을 비난해.

I know. He should stop passing the buck onto others.
맞아. 그는 다른 사람들에게 책임을 전가하는 짓을 그만 해야 해.

2. 스포츠에서 유래한 이디엄

Put one's money where one's mouth is.

자기가 한 말을 행동으로 보여라.

> 결국 임플란트를...
> It's time to put my money where my mouth is.

직역하면 '입이 있는 곳에 돈을 놓아라'

즉, 자기가 한 말에 돈을 걸 만큼 책임을 지라는 뜻이에요.

경마 같은 내기 도박에서 어떤 말이 우승할지 장담한다면,

본인이 직접 그 말에 돈을 걸어보라는 데서 나온 표현이에요.

너, 말만 하지 말고 행동으로 옮겨. Put your money where your mouth is.

conversation

You always complain about people not cleaning up after their dogs
in the park. And you're going to leave it like that?

너 공원에서 개들 뒤처리 안 하는 사람들을 항상 불평하잖아. 그러면서 저렇게 두고 갈 거야?

You're right. I should put my money where my mouth is. I'll go get a bag.

네 말이 맞다. 말로만 하지 말고 실천을 해야지. 가서 봉투 가져올게.

kiss and make up

화해하다

> 걱정 마.
> They'll kiss and
> make up soon.

make up은 여러 가지 뜻이 있어요.

'구성하다, 화장하다, 화해하다' 등의 뜻이 있습니다.

여기에 kiss가 붙은 표현이지만 진짜로 뽀뽀하는 것은 아니니

오해하지 마세요.

이제 화해합시다. Let's kiss and make up.

conversation

What happened to you and Jason?

I thought there was bad blood between you and him.

너하고 Jason 어떻게 된 거야? 둘 사이에 악감정이 있다고 생각했는데.

Not at all. We kissed and made up a long time ago.

전혀. 우리 오래전에 화해했어.

bury the hatchet

그만 싸우고 화해하다

옛날에 무기가 별로 없을 때에는
손도끼(hatchet) 같은 무기를 가지고 적과 싸웠어요.
그것을 땅에 묻으면 다시 꺼내기 힘들게 되는 것이니까
적과의 싸움을 멈추고 화해한다는 의미가 돼요.
이제 그만 싸우고 화해합시다. Let's bury the hatchet.

I'm glad that Andy and Dwight buried the hatchet and became friends.
Andy하고 Dwight가 싸움을 멈추고 친구가 돼서 좋다.

Me, too. The atmosphere in the office was weird while they were fighting.
나도. 그 둘이 원수지간이었을 때 사무실 분위기가 이상했어.

burn one's bridges

돌이킬 수 없게 만들다

다시 돌아오고 싶겠지만,
자네는 이미 너무 많은 다리를 태웠어.

전쟁에서 군인들이 다리를 태워 퇴각로를 없앤 것에서 비롯되었다고 해요.
건너온 다리를 불태우면 돌아갈 수가 없어요.
우리말에 '돌아올 수 없는 강을 건너버린다'는 표현처럼요.
알고 지내던 사람들과의 관계를 끊을 때 씁니다. 내가 회사를 그만두겠다고 했을 때
돌이킬 수 없었어. I burned my bridges when I said I was quitting my job.

I think Luke wants to be back with Karen.
Luke가 Karen한테 다시 돌아가고 싶어 하는 것 같아.

**It wouldn't be easy. When they broke up, he really
burned his bridges. He said some terrible things to her.**
쉽지 않을 걸. 헤어질 때 그가 돌이킬 수 없는 짓을 했거든. 그녀에게 안 좋은 말을 했어.

hang out with

~와 어울려 놀다

Mom, I was just hanging out with my new friends.

사람들과 어울려 논다고 할 때 play보다는 hang out을 많이 써요.
그냥 별일 없이 있다고 할 때에도 hang이라고 말하고요.
(누군가 뭐하고 있냐고 물으면) 그냥 있어. I'm just hanging.
나 주말에 친구들과 어울려 놀기로 했어.
I'm going to hang out with my friends this weekend.

conversation

What are you doing this weekend?
이번 주말에 뭐 할 거야?

Nothing special. I'll probably go over to Tim's place and hang out with him watching soccer or something.
특별한 건 없어. 그냥 집에 가서 축구나 그런 걸 보면서 놀려고.

have a ball

즐거운 시간을 보내다

ball은 흔히 공을 가리키지만

사교 모임이나 즐거운 경험을 뜻하기도 해요.

그래서 have a ball은 have a good time이라는 뜻이 돼요.

우리는 결혼식에서 즐거운 시간을 보냈어.

We had a ball at the wedding.

conversation

I heard you'd go to Hawaii for holidays this year.
올해 휴가는 하와이로 간다며.

Yes! I'm so excited. I'm going to have a ball.
응, 정말 기대가 돼. 아주 즐거운 시간을 보낼 거야.

3. 인간관계를 표현하는 이디엄

go back a long way

오랫동안 알고 지내다

We really go back a long way,
don't we?

과거로 가긴 하는데(go back), 긴 길을(a long way) 가는 거예요.
꽤 오래전으로 거슬러 올라가서부터 서로 알고 지냈다는 뜻이 돼요.
have a long history라는 말도 좋아요.
긴 역사가 있다는 말이니, 우리말과 비슷해서 좀 더 쉬운 표현 같아요.
우리는 오랫동안 알고 지냈어. We go back a long way.

conversation

How do you know about Yuko so well?
너는 Yuko에 대해 어떻게 그렇게 잘 알아?

She and I grew up together. We go back a long way.
우린 같이 자랐어. 알고 지낸 지 오래되었지.

get along well with

~와 사이좋게 지내다

along은 '~와 함께, ~를 따라'라는 의미가 있어요.

노래를 따라 부르는 것을 sing along이라고 하는 것처럼요.

get along은 어떤 일을 '계속하다, 진행하다'의 뜻으로도 많이 쓰인답니다.

직역하여 '~와 함께 잘 가다'라는 것은 사람들과 잘 어울린다는 표현이에요.

그녀는 새 직장에서 훨씬 더 잘 지내. She is getting along much better in her new job.

How's your son doing at the new school?

아드님은 새 학교에서 어떻게 지내고 있어요?

He's having fun and getting along well with others.

다른 사람들과 어울리면서 재미있게 지내고 있어요.

have a falling-out

사이가 틀어지다

falling-out은 소원해 진 관계, 다툼을 뜻해요.

어떤 일을 계기로 서로 말도 안 하고 다시는 안 보는 관계가 되었을 때 써요.

살다 보면 이런 경우가 종종 생기죠.

'~와 사이가 멀어지다'라고 상대를 얘기할 때에는 with와 함께 말해요.

나 친구들과 관계가 소원해졌어. I had a falling-out with my friends.

conversation

How's your brother doing?
네 동생은 어떻게 지내?

I don't know. I haven't spoken to him for three years.
We **had a falling-out** when our father died.
몰라. 그 애하고 3년간 말을 안 했어. 아버지가 돌아가신 뒤로 관계가 틀어졌지.

have a heart of gold

마음씨가 곱다

가치 있고 귀한 것의 상징, 금! 금의 심장을 가지고 있는 것은
마음씨가 착하고 너그럽다는 비유예요.
셰익스피어의 작품에도 이 표현이 나오고,
Heart of Gold라는 유명한 팝송도 있어요.
그녀는 마음씨가 참 고와. She has a heart of gold.

Your grandmother is awesome!
너희 할머니 훌륭하시다!

She has a heart of gold.
She'll do anything for her grandchildren.
아주 마음씨가 고우시지. 손자손녀들을 위해서라면 뭐든 하실 거야.

in one's shoes

~의 입장이라면

누군가의 신발을 신는다는 것은

그 사람이 당면하고 있는 상황에 있어 보는 거예요.

역지사지로 그 사람의 처지에서 생각해 보는 것, 아주 중요한 일이죠!

내 입장에 처해봐. Put yourself in my shoes.

내가 너라면. If I were in your shoes.

conversation

I want to break up with Dave, but I don't know how.
What would you do if you were in my shoes?

Dave랑 헤어지고 싶은데 어떻게 할지 모르겠어. 네가 나라면 어떻게 할래?

I would be honest with him.

나라면 그에게 솔직하겠어.

call one names

~에게 욕을 하다

바보, 멍청이, 말미잘, 멍게 등등 여러 가지 이름으로 사람을 부를 때가 있죠?
이 말들은 좋지 않은 뜻이니까 bad names이고, 앞에 bad가 빠진 거예요.
call one's name라고 하면 말 그대로 '~의 이름을 부르다'이니,
이 표현과 혼동하지 마세요.
그녀는 왜 나를 욕하고 다니는 거야? Why is she calling me names?

When I said that I wanted to break up with her,
she burst into tears and called me names.
헤어지고 싶다고 하니까 그녀가 울음을 터뜨리더니 나한테 욕을 하더군.

Didn't you just start dating her?
너희 이제 막 사귀기 시작한 것 아니니?

win one over

~를 설득하다

Just watch me win him over.

저쪽에 작은 아이가 좋겠어!

누군가를 설득해서 넘어오게 한다는 의미,
또는 이쪽 편으로 만든다는 의미예요.
'설득하다'를 뜻하는 대표적인 동사인 persuade와 비슷한 표현이에요.
내가 네 부모님을 설득해볼게.

Let me try to win your parents over.

conversation

**Is it true that Joan's parents allowed her
to get married to Jake?**

Joan의 부모님이 Jake와의 결혼을 허락했다는 게 사실이야?

Yes. Joan finally did win them over.

응. 결국에는 Joan이 부모님을 설득했지 뭐야.

pitch in

협력하다, 함께하다

pitch는 '던지다'라는 뜻이에요. 그래서 투수를 pitcher라고 하죠.

pitch in은 도움을 주기 위해 사람들이 함께하는 것을 뜻해요.

신체적으로 도움을 줄 때뿐만 아니라, 도움을 주기 위해 돈을 조금씩 모을 때에도 써요.

돈을 항아리에 던져 넣는(pitch in) 모습을 상상해 보세요.

함께 힘을 보탭시다! Let's pitch in!

conversation

The trail is full of garbage left behind by hikers.
등산로가 등산객들이 버리고 간 쓰레기로 넘쳐나.

If all of us pitch in, we should be able to clean it all up.
우리 모두가 협력하면 깨끗하게 청소할 수 있을 거야.

stick up for

~를 지지하다

stick은 막대를 지칭하는 말인데,
뭔가를 위해 막대처럼 몸을 꼿꼿하게 세우는 것은
그것의 편을 들고 지지한다는 의미가 돼요.
support, stand up for과 같은 뜻이에요.
내가 너를 지지해줄게. I will stick up for you.

conversation

**I'm glad you stuck up for me
while others thought I was wrong.**
다른 사람들이 내가 틀렸다고 할 때 네가 내 편을 들어줘서 기뻐.

Of course. That's what friends are for.
당연하지. 친구 좋다는 게 뭐냐.

boss one around

이래라저래라 시키다

우두머리 행세를 하면서 다른 사람을 부리는 모양새를 말해요.

이런 사람을 bossy하다고 하고요.

A: 너는 너무 강압적이야. You're too bossy.

B: 나는 사람들에게 이래라저래라 지시해야 해. I have to boss people around.

I know Jessica is a good person, but she's too bossy.

Jessica가 좋은 사람이라는 건 알겠는데 너무 명령조야.

It's her personality. She likes bossing people around.

그런 성격이야. 사람들에게 이거 해라, 저거 해라 시키는 걸 좋아해.

push one around

~를 괴롭히다

push가 이리저리 밀치는 모습을 묘사한다는 데서
물리적으로 괴롭힌다는 bully 의 의미도 되고,
이래라저래라 사람을 간섭한다는 의미도 돼요.
boss one around 처럼요.
나 좀 그만 괴롭혀. Stop pushing me around.

conversation

You should do something for your mom on Mother's Day.
Maybe you can write a card, and take her out to a nice restaurant.
너 어머니의 날에 엄마를 위해 뭔가 해야 해. 카드도 쓰고 좋은 식당에 엄마를 모시고 갈 수도 있겠다.

Don't push me around! I already have a plan for her.
이래라 저래라 하지 마요! 난 벌써 계획이 있다고요.

chew one out

~를 야단치다

입안에 있는 음식부터 씹어
삼키면 좋겠는데...

우리말에 속되게 누군가를 씹는다(chew)고 하면 뒷담화를 한다는 의미이지만,
영어에서는 혼내준다는 의미가 돼요.
사람을 잘게 자르고 닳게(out) 하니까요.
오늘 집에 늦게 가면 아내가 나를 들들 볶을 거야.
If I go home late today, my wife will chew me out.

conversation

Are you okay? You look tired today.
괜찮아? 오늘 피곤해 보이네.

It was our wedding anniversary yesterday, but I forgot.
My wife chewed me out for hours.
어제 우리 결혼기념일이었는데 잊어버렸어. 아내가 몇 시간 동안 들들 볶더군.

suck up to

~에게 알랑거리다

수ck의 기본 뜻은 '빨다'인데,
사람을 빠는 것은 그 사람의 비위를 맞추어 알랑거린다는 비유예요.
suck up이라는 말 자체가 힘들고 치사한 일을 참는다는 의미도 있거든요.
비슷한 표현으로 kiss one's butt(엉덩이에 뽀뽀하다)라고 하는데, butt 대신 ass(엉덩이,
당나귀)를 쓰기도 해요. 사람들이 항상 그에게 아부해. People always suck up to him.

conversation

Why didn't you ask these questions to the teacher in class?
왜 수업시간에 선생님께 이런 질문을 하지 않았니?

I didn't want my classmates to think that I suck up to her.
반 친구들이 내가 선생님한테 아부한다고 생각하게 하고 싶지 않았어.

bad blood between

~ 사이의 악감정

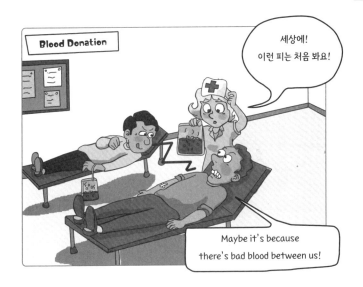

bad blood는 직역하면 '나쁜 피'인데, 사람들 사이에 미워하는 감정을 뜻해요.
예부터 피와 감정을 엮은 표현들이 많은데,
우리말에도 감정이 북받쳐 오를 때 '피가 끓다', 분노가 일 때 '피를 토하다'라고 해요.
'피도 눈물도 없다'는 말도 감정을 피와 연결한 것으로 볼 수 있어요.
그 두 사람 사이에는 악감정이 있어. There is bad blood between the two.

Is it really okay if you see her at the party?
너 파티에서 그녀를 보는 게 정말 괜찮아?

**Of course. Even though we broke up,
there's no bad blood between us.**
그럼. 헤어지긴 했어도 우리 사이에 악감정은 없어.

rub one the wrong way

~를 화나게 하다

056

털을 결대로 쓰다듬지 않고 잘못된 방향으로 문지르면(rub) 털이 서겠죠?

동물이든 사람이든 이런 상황에 기분이 좋을 리가 없습니다.

흔히 무서울 때 털이 곤두선다고 하잖아요?

이 표현도 털을 신경(nerve)과 관련시킨 표현이에요.

사장님 신경을 거슬리게 하지 않는 게 좋아. Better not rub the boss the wrong way.

conversation

Oh, did I rub you the wrong way? I'm sorry.
아, 제가 신경을 거슬리게 했나요? 미안해요.

That's okay.
괜찮아요.

push one's buttons

~를 화나게 하다

좋을 때나 나쁠 때나, 아플 때나 건강할 때나,
remember not to push each other's buttons.

네!

기계의 스위치 버튼을 누르면(push) 기계가 작동해요.

기계처럼 눈에 보이는 버튼은 없지만, 어떤 사람의 버튼을 누르는 것은

그 사람 안에 있는 뭔가를 작동시키는 게 되는 것이죠.

그것이 좋지 않은 의미로, 사람의 속을 뒤집어 놓는다는 의미가 됩니다.

나 열 받게 하지 마. Do not push my buttons.

Jim is such a calm person. I've never seen him upset.

Jim은 참 온화한 사람이야. 화내는 모습을 한 번도 본 적이 없어.

Oh, you have to see him when he's with Sandra.
She always pushes his buttons.

그가 Sandra하고 있는 걸 봐야 해. 그녀는 항상 그의 화를 돋우지.

mess with one

~를 성가시게 하다

Don't mess with that guy.

검은 띠다!

mess는 엉망인 상태를 뜻해요.

동사로 쓰여, 물건을 mess하면 그 물건을 '망가뜨리다'라는 의미가 되고,

사람을 mess하면 그 사람을 '성가시게 하다, 성질을 돋우다'라는 의미가 돼요.

뭐든 망가뜨리는 게 mess입니다.

나 성질 돋우지 마. Don't mess up with me.

conversation

Hey, come on! You coward!
야, 이봐! 겁쟁이!

I've already warned you not to mess with me!
Now, you're in trouble!
나 성질 돋게 하지 말라고 경고했는데. 넌 이제 죽었어!

get on one's back

~를 귀찮게 하다

뭔가가 내 등(back)을 올라탔다고 하면 무겁고 성가실 거예요.

털어내도 쉽게 떨어지지 않는다면 신경질이 나겠죠?

너는 나를 짜증나게 해. You get on my back. 또는 You get on my nerves.

get on의 반대는 get off예요.

나 짜증나게 하지 마. Get off my back.

You'd better find a job. Your parents are worried about you.

너 직장을 구하는 게 좋을 거야. 너희 부모님이 널 걱정하셔.

Do not get on my back! I'll do it when I'm ready.

좀 귀찮게 하지 마요! 준비되면 할 거예요.

get under one's skin

~를 거슬리게 하다

Doctor, something got under my skin. Can you fix it?

뭔가가 표피 밑으로 들어간다면 얼마나 고통스러울지 상상이 되죠?
아주 거슬려서 완전히 사람을 미치게 만들 거예요.
앞서 나온 get on one's back, get on one's nerves와 비슷하지만,
이 표현이 좀 더 강도가 센 느낌이에요.
너는 나를 짜증나게 해. You're getting under my skin.

conversation

You know exactly how to get under my skin with your nagging.
너는 나를 어떻게 하면 잔소리로 짜증나게 하는지 정말 잘 알아.

If you don't want to hear it, put things back after you use them.
그런 소리 듣기 싫으면 물건 쓰고 제자리에 갖다 놔.

drive one nuts

~를 짜증나게 하다

drive는 '운전하다'라는 의미가 아니라 '~를 몰다, 몰아가다'라는 뜻이에요.
drive ~ nuts는 누군가를 땅콩으로 몰아간다는 게 아니라
사람을 '미치게 하다, 짜증나게 하다'라는 의미가 돼요.
nuts가 crazy(미치는)의 뜻이거든요.
You are nuts.라고 하면 You're crazy.라는 말이에요.

The loud music my neighbor is playing is really driving me nuts.
이웃집에서 나는 음악소리가 시끄러워서 정말 짜증 나.

Why don't you go over there and talk to him?
가서 말 좀 해보지 그래?

freak one out

~를 기겁하게 하다

You're freaking me out!

freak은 '괴짜, 괴물'이라는 뜻,
소름 끼치게 하는 사람을 가리킬 때도 freak이라는 말을 써요.
여기서는 동사로 '기겁하게 만들다, 겁나게 하다'는 뜻입니다.
out은 이런 의미를 강조하는 역할을 하고요. 혼비백산하는 거예요.
뱀을 보면 난 기겁을 해. Snakes freak me out.

Are you really afraid of worms?
너 정말 지렁이가 무서워?

Yes. Those moving ones really freak me out.
응. 저 꿈틀거리는 게 정말 겁이 나.

in the heat of the moment

갑자기 욱해서

화가 나서 발끈했다는 의미예요.

무슨 일 때문에 왈칵 성이 날 때 우리도 열 받는다고 하잖아요?

몹시 흥분한 상태에 있는 거예요.

갑자기 열 받아서 그렇게 말했어.

I said that in the heat of the moment.

conversation

I'm sorry. I just said that in the heat of the moment.
I didn't mean it.

미안해. 열 받아서 그렇게 말했을 뿐이야. 진심이 아니야.

Okay. Apology accepted.

괜찮아. 사과 받아들일게.

wake up on the wrong side of the bed 기분이 안 좋다

아, 이 녀석들.
I woke up on the wrong side of
the bed again!

침대의 잘못된 쪽에서 깼다는 것은 잠을 잘 못 잤다는 의미예요.

사람은 잠을 제대로 못 자면 몸 상태가 안 좋잖아요.

그게 기분에까지 영향을 미쳐서

'기분이 안 좋다, 저기압이다'라는 의미가 됩니다.

너 기분이 안 좋아? Did you wake up on the wrong side of the bed?

conversation

Hey, did you wake up on the wrong side of the bed this morning?
You're a real grouch.
야, 너 오늘 아침에 어디서 잘못 일어났냐? 불평하기는.

Actually, I did. I haven't slept well for a few days.
사실 그래. 며칠 동안 잠을 잘 못 잤어.

have a bad hair day

일진이 안 좋다

나는 빼고!

Everyone is having a bad hair day.

빗질을 해도 원하는 머리 모양이 안 나오면
그 모습으로 하루 종일 있어야 하니 기분이 꿀꿀해요.
자기 옷차림이 마음에 들지 않으면 하루 종일 기분이 우울한 것처럼요.
자기 모습이 마음에 들면 기분이 좋고, 좀 더 자신감도 생기는 것 같아요.
나 오늘 일진이 안 좋아. I'm having a bad hair day.

conversation

What have I done to upset Tony?
내가 무슨 짓을 했다고 Tony가 화났지?

Nothing. He's just having a bad hair day.
아무 것도 안 했어. 그냥 그가 일진이 안 좋은 거야.

under the weather

몸이 좋지 않은

비가 오면 나이 드신 분들이 몸이 찌뿌둥하다고 하죠?

날씨의 영향 아래에 있는 것은 몸이 안 좋다는 의미예요.

몸의 컨디션이 좋지 않을 때 I'm sick.이라고 하지 마세요.

I am under the weather. 또는

I don't feel good.이라고 말해보세요.

conversation

Jim, you came home early today.
Jim, 오늘 집에 일찍 왔네.

I feel under the weather. Maybe I'm coming down with the flu.
몸이 안 좋아. 독감에 걸린 것 같아.

4. 기분을 표현하는 이디엄

have butterflies in one's stomach 긴장하다

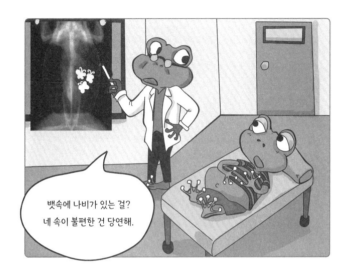

그럴 일은 없지만, 우리 뱃속에 나비 몇 마리가 살아서 날아다닌다면 어떤 느낌일까요?
스트레스를 받거나 잠시 긴장이 될 때 뱃속에서 느껴지는 약간의 경련을,
마치 나비가 펄럭거리는 작은 몸짓과 같이 느껴진다는 의미에서
뱃속에 나비들이 있다고 합니다.
I'm nervous. 라고 말할 수도 있어요.

conversation

You're up next. Are you ready?
다음이 당신 차례예요. 준비됐죠?

Oh, I have butterflies in my stomach.
아이고, 긴장돼요.

have ants in one's pants

안절부절 못하다

바지 속 개미들은 걱정하지 말거라.
이 녀석이 처리해줄 거야.

여러분의 바지 속에 개미가 한 마리라도 있다고 상상해 보세요.
피부가 따가운 것도 문제지만 왠지 긴장되고 안절부절 못하겠죠?
'안달하는'이라는 의미로 ant와 닮은 antsy라는 단어도 있어요.
너 안절부절 못하는 것 같은데.

It looks like you have ants in your pants.

What's wrong with Peter? It looks like he has ants in his pants.
Peter 왜 저래? 안절부절못하는 것 같은데.

The boss found out he made a big mistake. He'll be called out soon.
사장님이 그가 큰 실수를 한 걸 알아버렸어. 곧 불려 갈 거야.

on pins and needles

조마조마하여

드디어 매트리스가 왔네!
I've been on pins and needles
waiting for it!

뾰족한 핀과 바늘 위에 앉아 있다고 생각해 보세요.

너무 아프겠죠? 그런 상상을 하면 불안하고 조마조마한 건 당연해요.

앞에는 be동사를 써서 말해요.

나 불안해. I'm on pins and needles.

너 불안해 보여. It looks like you're on pins and needles.

conversation

Did he get the phone call from the company?
그가 회사에게서 전화를 받았대?

No. He has been on pins and needles all day, waiting for the c...
아니. 그 전화 기다리면서 하루 종일 안절부절 못하고 있어.

4. 기분을 표현하는 이디엄

make one's day

~를 행복하게 하다

하루는 이 세상의 모든 사람들에게 주어지는 것이잖아요.
그 하루를 누군가의 날로 만든다는 것은
그 사람을 굉장히 즐겁고 행복하게 했다는 뜻이에요.
나를 칭찬해주는 사람에게 고맙다는 표현을 이렇게 할 수 있어요.
Thank you. You made my day!

I got into Harvard University with a 2-year scholarship!
저 2년 장학금 받고 하버드 대학에 붙었어요!

I'm so proud of you. Go on, tell your father. It'll make his day!
네가 자랑스럽다. 가서 아버님께 말해. 행복해 하실 거야!

walk on cloud nine

날아갈 듯이 기쁘다

cloud nine은 4천 피트 상공에서 형성되는 아주 높은 구름이라고 해요.

너무 기뻐서 그 구름 위를 걷는 지경인 것이죠.

walk 대신 be동사를 써도 돼요.

그가 내게 데이트 신청을 했을 때 날아갈 듯 기뻤어.

I was walking on cloud nine when he asked me out.

I heard that you got engaged with Matt. Congratulations!
너 Matt하고 약혼했다며. 축하해!

Thanks. When he proposed to me, I felt like I was walking on cloud nine!
고마워. 그가 청혼했을 때 마치 구름 위를 걷는 것처럼 너무 기뻤어!

look like a million dollars

기분이 아주 좋아 보인다

Honey, you really look like a million dollars!

백만 달러(a million dollar)는 우리 돈으로 십억 원이 넘는 어마어마한 돈이에요.

그런 큰돈이 생기면 기분이 좋겠죠?

dollar 대신 buck이라고 해도 돼요.

look 대신 feel을 써서 이렇게 말할 수 있어요.

나 기분이 엄청 좋아! I feel like a million bucks!

Tom got promoted to general manager!
Tom이 부장으로 승진되었어!

Wow. No wonder he looks like a million dollars!
와, 기분이 좋아 보이는 것도 당연하군!

a third wheel

찬밥 신세

자전거는 바퀴 두 개로도 잘 가죠?

여기에 바퀴 하나가 더 달린다 한들 그것은 아무짝에도 쓸모없는 바퀴예요.

세 번째 바퀴란 인간관계에서 찬밥인 것, 개밥의 도토리라는 뜻이에요.

예를 들면, 연인 사이에 낀 솔로가 이런 기분을 느낄 수 있어요.

나 개밥의 도토리 신세가 되기 싫어. I don't want to be a third wheel.

You always hang out with Jason and Laura.
Don't you feel like you are a third wheel?
넌 항상 Jason하고 Laura하고 어울리던데. 찬밥 신세라고 느끼지 않아?

No, I don't. They are my best friends.
아니. 걔네는 내 가장 친한 친구들인걸.

a backseat driver

잔소리꾼

자동차 뒷좌석에 앉아서 운전하는 사람에게 이리 가라,
저리 가라 지시하는 사람들 있죠? 자기가 핸들을 쥐고 있지도 않은데 말이죠!
backseat driver는 상대를 통제하려고 하거나
상대가 원하지 않는 지시를 하는 사람을 가리켜요.
잔소리 좀 하지 마. Stop being a backseat driver.

conversation

How come your mother always drives the car?
왜 엄마가 항상 운전하시니?

I was so annoyed at her tendency to become a backseat driver
whenever I drove her somewhere, so I just began to let her drive.
어디를 갈 때마다 엄마가 잔소리꾼이 돼서 좀 짜증나서 엄마가 운전하시도록 했지.

fall off the wagon

(버렸던 습관을) 다시 시작하다

옛날에는 비포장도로에 물을 뿌리는 물차(water wagon)가 있었는데,

주정뱅이들이 그 마차에 올라가서 술 대신 물을 마시겠노라 금주선언을 했다고 해요.

그런데 물차에서 떨어진다는 것은 다시 술을 마시기 시작하는 것이 돼요.

금욕을 깨고 예전에 버렸던 습관을 다시 시작할 때 쓰여요.

그는 노력했지만 다시 술을 마시기 시작했어. He tried, but he fell off the wagon.

I thought Mary stopped smoking a long time ago.

Mary가 오래전에 담배를 끊었다고 생각했는데.

She fell off the wagon when she got divorced with her husband.

남편과 이혼했을 때 자제력을 잃고 다시 피우기 시작했어.

throw one under the bus

~를 팔아먹다

사람을 버스 밑으로 던져버리는 것은 위험한 행동이잖아요.
이 표현은 자기 이익을 위해 친한 사람이나 동료를 배신하거나
위험에 빠뜨리는 행위를 가리켜요.
정치판에서도 자주 쓰는 말이겠네요.

베프가 나를 배신했어. My best friend threw me under the bus.

I can't believe Beth throw me under the bus after all I'd done for her.
내가 자기를 위해 그렇게 했는데도 Beth가 나를 배신하다니 믿을 수가 없어.

What happened?
무슨 일이야?

run on empty

(체력이) 바닥난 상태이다

이를 어째!
기름이 다 떨어졌어!

연료가 비어 있는(empty) 상태에서 자동차가 달린다면?

덜덜거리며 가다가 금방 멈추겠죠.

사람에 대입하면 체력이 바닥난 상태에 있다는 의미가 돼요.

활기를 잃어서 몸이 역부족으로 견디는 느낌이에요.

나 요즘 기진맥진이야. I'm running on empty.

I get the impression that he has been running on empty **for months now.**
그가 몇 달째 기력이 바닥난 상태에서 일하고 있다는 인상이야.

Yeah, he looks tired every day.
응, 매일 피곤해 보이더라.

run ~ into the ground

~를 말아먹다

땅속으로 내달린다는 것은 사업 같은 것을 말아먹는다는 뜻이에요.
망하는 사업을 하늘을 날던 비행기가 추락해 땅으로 꽂히는 모습에 비유한 거예요.
참고로 run oneself into the ground라고 하면
'녹초가 되도록 일하다'라는 의미가 됩니다.
너는 사업을 말아먹을 거야. You will run your business into the ground.

You still drive that car? Isn't it time to buy a new one?
너 아직도 저 차 끌고 다녀? 새 차를 살 때가 되지 않았나?

No way! It's still running fine. I'm going to run it into the ground, though.
안 돼! 지금도 잘 굴러다녀. 내가 저 차를 망가뜨리겠지만.

put the pedal to the metal

빠른 속도로 일하다

차의 액셀러레이터는 페달(pedal)을 꾹 눌러서 작동시키는데,
이 페달을 차 바닥의 금속(metal) 부분까지 꾹 누른다는 것이죠.
전속력을 다해 차를 몬다는 말이에요. 실제 차를 전속력으로 몰 때에도 쓰지만,
속도를 내어 열심히 일하는 상황에서도 이렇게 말할 수 있어요.
전속력으로 달려! Put the pedal to the metal!

Hey, slow down! Are you trying to get us killed?
야, 천천히 가! 둘 다 죽일 셈이야?

If I don't put the pedal to the metal, we won't be able to get there on time.
전속력으로 밟지 않으면 우린 제시간에 도착하지 못 할 거야.

miss the boat

기회를 놓치다

기회를 놓치면 우리는 '버스 지나갔다'라고 하잖아요?

이것과 비슷한 영어 표현은 '배 떠났다'예요.

버스가 아닌 배를 놓치는 것으로 비유합니다.

영어에는 배를 비롯해 해양 문화와 관련된 표현이 많아요.

좋은 기회를 놓치지 마. Do not miss the boat.

conversation

I heard you didn't sign up for the trip this weekend.
너 이번 주말 여행 신청 안 했다며.

I missed the deadline. I totally missed the boat.
내가 마감일을 놓쳤어. 완전히 기회를 날려버렸네.

rock the boat

평지풍파를 일으키다

평온한 바다에 배가 순조롭게 운항하고 있어요.

그런 배를 뒤흔드는 것은 갑자기 나타난 세찬 바람과 험한 물결이겠죠?

아무 문제없이 평온한 상태에서 뜻밖에 문제를 일으킨다는 말로,

분란이나 문제를 일으키는 상황에 적절한 말이에요.

제발 문제 좀 일으키지 마. Please don't rock the boat.

How's Susie holding up?
Susie는 어떻게 잘 견디고 있어?

I think she finally found peace of mind.
So, please don't rock the boat by mentioning her ex.
결국 마음의 평화를 찾은 것 같아. 그러니까 전 애인 언급해서 문제 일으키지 마.

5. 탈것과 이디엄의 만남

know the ropes

베테랑이다

돛과 밧줄(rope)을 어떻게 써야 하는지 통달한 선원이
바다에서 무사히 항해를 할 수 있다는 믿음에서 비롯된 표현이에요.
show the ropes 라고 하면 남에게 요령을 가르쳐준다는 뜻이 됩니다.
그녀는 (일에 대해) 베테랑이야. She knows the ropes.
그녀가 요령을 알려줄 거야. She will show you the ropes.

I can't believe that John still makes such stupid mistakes.
He should know the ropes by now.
John이 아직도 그런 멍청한 실수들을 한다니 믿어지지가 않아. 지금쯤이면 통달해야지.

He's sort of a slow learner. Give him more time.
그는 배우는 게 좀 느리잖아. 시간을 더 줘.

cut one some slack

~를 봐주다

slack은 밧줄이 느슨한 상태를 말해요.

slacker라고 하면 느긋하게 서두르지 않는 태평한 사람을 뜻하거든요.

로프를 잘라 느슨하게 해달라는 말은 자기를 몰아세우지 말고

좀 봐줘라, 여유를 좀 달라는 뜻이 되죠.

나 좀 봐줘. Cut me some slack.

You should take full responsibility for this and suffer the consequences!
이 일은 네가 완전히 책임져야 하고 그 결과 때문에 넌 고통스러울 거야!

Please cut me some slack! I'm trying to do my best.
제발 좀 봐주세요! 최선을 다하고 있잖아요.

in the same boat

같은 처지인

그만 싸워라!
We're all
in the same boat!

같은 배 안에 있는 것은 같은 처지에 있다는 뜻이에요.
우리말의 '한 배를 탔다'는 말과 같아요.
대체로 좋지 않은 상황에서
같은 문제를 겪고 있는 사람들끼리 할 수 있는 말이에요.
우리는 같은 처지야. We are in the same boat.

conversation

Can I borrow some money from you? I'm broke this month.
돈 좀 꿀 수 있을까? 내가 이번 달은 빈털터리야.

I'm sorry. I'm in the same boat.
미안해. 나도 같은 처지야.

breeze through

순조롭게 나아가다

순하게 부는 바람을 breeze라고 해요.

배가 순풍에 돛을 단 듯이 앞으로 나아가는 것을 상상해 보세요.

일에 비유하면 탈 없이 순조롭게 흘러가는 모습이 돼요.

우리는 고속도로를 순탄하게 달렸지. We breezed through the highway.

시험을 순조롭게 봤어. I breezed through the test.

Did you do well on the test? I don't think I will get over a 50.
시험 잘 봤어? 나는 50점도 못 넘을 것 같아.

I studied hard this time, so I breezed through the test.
이번에는 공부 열심히 해서 순조롭게 봤어.

keep one's nose clean

(나쁜 짓에서) 손 씻다

교화 프로그램
Jala Neti

It's an effective way to keep your nose clean.

코를 깨끗하게 유지하라는 것은 나쁜 일에 관여하지 말라는 뜻이에요.
nosy는 코를 들이미는, 즉 '참견을 잘하는'이라는 뜻인데, 이런 말도 있죠!
Keep your nose out of what doesn't concern you.
당신과 관련 없는 일에는 상관하지 말라.
상관하지 말라는 것을 '코를 들이밀지 말라'고 표현하는 게 재미있죠?

conversation

If you want to keep your nose clean, stay away from those guys.
말썽 부리고 싶지 않으면 저 애들을 멀리해.

I'll keep that in mind.
명심할게요.

keep one's chin up

기운 내다

사람이 시무룩해지면 고개를 떨어뜨리잖아요?
반대로 턱(chin)을 치켜 올린 상태로 있으라는 말은 기운을 내라는 뜻이에요.
정신, 기운을 뜻하는 단어 spirit을 써서
keep one's spirits up이라고도 말해요.
기운 내! Keep your chin up! 또는 Keep your spirits up! 또는 Cheer up!

I did so poorly on the test that I can't get a scholarship for next semester.
시험을 못 봐서 다음 학기에는 장학금을 못 받아.

Hey, keep your chin up. Nobody did well on the test.
야, 기운 내. 아무도 그 시험 잘 보지 못했어.

6. 우리 몸에 비유한 이디엄

give a heads-up

미리 알려주다

저 앞에 길 건너는
오리 가족 조심하세요.

Thanks for giving me
the heads-up.

heads-up은 '알림, 경고'를 뜻해요.
Heads up!이라고 하면 조심하라는 Be careful!과 같은 의미예요.
우리말에도 주변을 잘 살피며 조심히 다니라는 말을
고개 똑바로 들고 다니라고 하잖아요.
다가오는 위험을 미리 경고할 때 쓰인답니다.

conversation

I want to give you a heads-up.
Mom found a cigarette box on your desk this morning.
미리 알려주고 싶어. 오늘 아침 엄마가 네 책상 위에서 담뱃갑을 발견했어.

Really? I'm in trouble. Thanks for the heads-up.
정말? 나 이제 큰일 났네. 미리 알려줘서 고마워.

6. 우리 몸에 비유한 이디엄

keep one's eyes peeled

주의 깊게 보다

껍질을 벗기는 것을 peel이라고 해요.

과일을 먹을 때 껍질을 벗겨 먹잖아요.

그래서 껍질을 벗기는 것은 연다(open)는 뜻도 돼요.

뭔가를 주의 깊게 지켜봐야 할 때에는 눈을 계속 열어 두고 있어야 하는 것이죠.

잘 살펴봐. Keep your eyes peeled.

conversation

I think we should stop to eat something.
We haven't eaten anything since breakfast today.
우리 뭐 좀 먹어야 할 것 같아. 아침부터 아무것도 먹지 않았잖아.

Okay. I'll keep my eyes peeled for a restaurant.
그래, 식당 있는지 잘 찾아볼게.

be all ears

귀 기울여 듣다

우리 몸이 모두 귀로 되어 있다면 어떤 소리도 다 잘 듣겠죠?

상대의 말을 들을 준비가 되어 있다는 의미예요.

자신의 아이디어나 계획에 대해 말하려고 하는 친구

혹은 뭔가 말하기를 주저하는 친구에게 이렇게 말할 수 있어요.

말해봐. 내가 잘 들어줄게. Go on. I'm all ears.

Do you know why I was late for work again?
제가 왜 또 지각했는지 아세요?

Okay. Let me hear it. Come on. I'm all ears.
좋아. 들어보자. 말해봐. 잘 들어줄게.

have a big mouth

입이 싸다

엄마, 애들이 저 입 크다고 놀려요.
Do I really have a big mouth?

빗자루만한 칫솔을 쓰는 우리 아가가...

말이 많고 수다스러운 이미지가 큰 입으로 표현돼요.
남의 비밀을 발설하거나 소문을 퍼트리는 사람,
자기 자랑을 심하게 늘어놓는 사람에게
입이 크다고 해요.
조심해. 그 애는 말이 많아. Be careful. He has a big mouth.

conversation

If you want to throw a surprise party for your sister,
you'd better not tell Joan.
동생을 위해 깜짝 파티를 열고 싶으면 Joan한테는 말하지 않는 게 좋을 거야.

Of course. I know she has a big mouth.
물론이지. 그녀가 입이 싸다는 걸 알아.

put one's foot in one's mouth

실언을 하다

이 표현은 소나 돼지가 잘 걸리는 바이러스병인
구제역(foot-and-mouth disease)에서 유래했다는 설이 있어요.
누군가가 입을 잘못 놀려서 나중에 후회할 말을 할 때,
우습고 황당한 말을 할 때, 눈치 없는 말을 할 때 쓸 수 있는 표현이에요.
너 말실수 했어. You put your foot in your mouth.

I called Ann's new boyfriend Bob. But, Bob is her ex-husband!
Ann의 새 남자 친구를 Bob이라고 불렀어. Bob은 그녀의 전남편인데!

Oh, my! You put your foot in your mouth.
아, 이런! 너 말실수를 했구나.

a slip of the tongue

말실수

혀가 미끄러진 것은 의도하지 않게,
또는 아무 생각 없이 어떤 말이 미끄러져 나왔다는 뜻이에요.
혀가 꼬여 말이 헛나갈 때에도 이 표현을 써요.
앗, 말실수야. Oops! It's just a slip of the tongue.

Be careful when you talk to the police tomorrow.
내일 경찰하고 이야기할 때 조심해.

Of course. I know that a slip of the tongue could get us into big trouble.
물론이지. 알아, 말 한 번 실수하면 우리가 큰일 날 수도 있는 거.

6. 우리 몸에 비유한 이디엄

bite one's tongue

말하고 싶은 것을 꼭 참다

혀를 깨문(bite) 상태에서는 말을 하기가 쉽지 않아요.

말하고 싶은데 하지 않고 꼭 참는 모습입니다.

그 말을 하면 나중에 후회할 수도 있고 상대가 기분이 나쁠 수도 있기 때문이에요.

hold one's tongue도 같은 말이에요.

난 아무 말도 하지 않았어. I bit my tongue.

Did you see Joan wearing her pants?
Joan이 바지 입은 것 봤어?

I did. I had to bite my tongue not to say what I was thinking!
응, 봤어. 꼭 참고 내 생각을 말하진 않았지!

tongue in cheek

농담으로

혀로 밀어서 볼이 동그랗게 올라온

어린아이들의 짓궂은 얼굴을 상상해 보세요.

누군가 특별한 목적 없이 한 실없는 말을 집어낼 때 이 말을 쓸 수 있어요.

또 심심풀이로 농담 삼아 한 말이었다고 덧붙일 때에도 써요.

나 그냥 농담 삼아 한 말이야. I just said tongue in cheek.

conversation

I can't believe Steve and Susan have just met.

Steve하고 Susan이 이제 막 만났다니 믿기지 않아.

Oh, he said that tongue in cheek. They've been married for 10 years.

아, 그가 농담한 거야. 그 둘은 결혼한 지 10년 됐어.

6. 우리 몸에 비유한 이디엄

by the skin of one's teeth

간발의 차로, 간신히

> I escaped by the skin of my teeth.

이빨의 피부라니? 이상하죠?

이 표현은 성경에 나오는 구절이라고 해요.

어떤 긴박한 상황에서 가까스로 벗어날 때 써요.

그 화재 현장에서 간신히 빠져나왔어.

I escaped from the fire by the skin of my teeth.

conversation

I got to the airport a few minutes late and
missed the plane by the skin of my teeth.

공항에 몇 분 늦게 도착했는데 간발의 차이로 비행기를 놓치고 말았어.

Oh, bummer!

이런 안 됐군!

have a sweet tooth

단것을 좋아하다

단것을 좋아하면 단것을 많이 먹을 테고,

그러면 그 사람의 입에서 단내가 날 거예요.

tooth는 '이빨'이라는 뜻 외에도

음식에 대한 '기호(taste)나 취향(liking)'을 뜻하기도 해요.

난 단것을 좋아해. I have a sweet tooth.

Do you want some cake?
케이크 먹을래?

How do you know I have a sweet tooth? Yes, please.
내가 단것 좋아하는 건 어떻게 알았대? 그래 좀 줘.

in a heartbeat

바로, 즉시

우리말의 '눈 깜짝할 사이에'라는 말과 같아요.
심장이 한 번 뛰는 그 사이니까, 아주 짧은 시간이 되겠죠?
immediately, in the blink of an eye라는 표현도 있어요.
네가 전화하면 바로 올게.
I'll come in a heartbeat when you call me.

Just give me a call when you need me. I'll be there in a heartbeat.
내가 필요하면 그냥 전화해. 바로 올게.

Thanks. I'm so glad that I have a friend like you.
고마워. 너 같은 친구가 있어서 정말 좋아.

put one's heart into

~에 성심을 다하다

우리 몸의 중심이 되는 것은 심장이잖아요.

'심장을 ~에 놓다'는 말은 그곳에 진심 어린 노력을 기울인다는 뜻이에요.

put one's serious efforts into 라고도 합니다.

저는 제 식당 사업에 진심을 다했어요.

I put my heart into my restaurant business.

What do you think about Jim? Should I hire him?

Jim을 어떻게 생각해? 채용해야 할까?

I think you should. He's the kind of a guy who puts his heart into **his job.**

그래야 할 것 같아. 그는 자기 직업에 전심을 다하는 종류의 사람이야.

have thin skin

예민한 성격이다

피부관리 좀 받으라고
했더니 저런다.

으아앙~

I didn't know
he had such thin skin.

피부가 얇으면 상처 입기 쉽겠죠?
남의 말에 감당하기 어려워하고 상처받는 예민한 상태를 뜻해요.
반대로 thick skin 은 쉽게 상처받지 않는 무신경하고 둔감한 상태를 뜻해요.
우리말에도 '낯 두껍다'는 표현이 있는 것과 같아요.
그녀는 너무 예민해. She has thin skin.

conversation

Be careful not to scold her even when she makes a mistake.
실수해도 그녀에게 야단치지 않도록 조심해.

Why? Does she have thin skin or something?
왜? 그녀가 쉽게 상처 받는 성격이라도 돼?

have the nerve to

~할 만한 배짱이 있다

아이고, 냄새.

I wish I had the nerve to tell them not to smoke around here.

nerve는 의학적으로 우리 몸의 '신경'을 뜻하지만,
'용기(courage), 자신감(confidence)'의 뜻으로 일상에서 많이 쓰여요.
비슷한 말로 우리 뱃속의 '창자'를 뜻하는 gut도 '배짱'이라는 뜻이 있어서,
have a gut to라고도 말해요.
너 그와 맞설 배짱이 있니? Do you have the nerve to confront him?

conversation

Has anyone seen Harry today?
오늘 Harry 본 사람?

He hasn't come yet. I don't think he has the nerve to show up considering what he did last night.
아직 오지 않았어. 지난밤에 한 짓을 생각하면 나타날 배짱이 없는 것 같아.

6. 우리 몸에 비유한 이디엄

have no backbone

기개가 없다

backbone은 척추, 즉 spine이에요.

머리부터 엉덩이까지 몸통을 똑바로 세워주는 척추가 없다는 말은

근성이 없다거나 어떤 것에 맞설 용기가 없다고 할 때 쓰는 말입니다.

연체동물처럼 흐물흐물한 마음 상태를 연상해 보세요. 옛날 사람이 하는 말이 있죠?

요즘 젊은 애들은 근성이 없어. Young people have no backbone.

Why didn't Matt say anything to the guys who were rude to him?
왜 Matt는 자기에게 무례한 사람들에게 아무 말도 안 했을까?

I think he has no backbone. That's why people are disrespectful to him.
용기가 없는 것 같아. 그러니까 사람들이 그에게 무례하지.

pull one's leg

~에게 장난치다

장난치거나 농담하는 것을 다리를 잡아당긴다고 표현해요.

'그냥 농담이야'라고 말할 때 I'm just kidding. 또는 I'm joking.처럼 말할 수도 있지만,

I'm just pulling your leg.라고도 말할 수 있어요.

나한테 장난치는 거지? Are you kidding me?

또는 Are you pulling my leg?

Honey, we won the lottery!
여보, 우리 복권 당첨됐어!

Stop pulling my leg. I don't believe you.
장난치지 마. 안 믿어.

shake a leg

서두르다

다리를 흔드는 것은 '춤을 추다(dance)'라는 뜻도 있고,
'서두르다(hurry up)'라는 뜻도 있어요.
보통 빨리빨리 움직이자고 요청할 때 명령조로 쓰여요.
legs가 아닌 a leg라는 걸 기억하세요.
서둘러. 우리 늦겠다. Shake a leg. We will be late.

conversation

What? All the doughnuts in the shop are free today?
뭐? 가게에 있는 모든 도넛이 오늘 공짜라고?

Yeah. We'd better shake a leg before they're all gone.
응, 다 떨어지기 전에 서두르는 게 좋겠어.

start off on the wrong foot

첫 단추를 잘못 끼우다

저기가
당신 집이군요!

We're definitely
starting off
on the wrong foot.

틀린 발로 걸음을 시작한다는 말은 처음부터 잘못되었다,

시작을 잘못했다는 뜻이에요. 우리말로는 '첫 단추를 잘못 끼웠다'라고 하잖아요.

열을 맞추어 행진할 때 누구 한 명이라도 첫발을 잘못 디디면 전체가 발이 안 맞게 돼요.

또, 아침에 일어날 때 바닥에 왼발부터 닿으면 그날은 재수가 없다는 미신도 있어요.

우리 결혼은 시작부터 잘못되었어. Our marriage started off on the wrong foot.

**I had a drink because I was so nervous before meeting my girlfriend's
father. The problem was I had too much.**

여자 친구의 아버지를 만나기 전에 너무 긴장해서 술을 좀 했지. 문제는 너무 많이 마셨다는 거야.

I guess you started off on the wrong foot with him.

첫 단추를 잘못 끼운 것 같네.

have two left feet

(춤이) 서툴다

윈발과 오른발이 아니라 왼발만 둘이라면
춤출 때뿐만 아니라 걸을 때에도 발이 엉기고 동작이 어색하겠죠?
비슷한 말로 손가락에 비유한 be all thumbs가 있어요.
열 손가락이 모두 엄지손가락이라면 손재주가 정말 없겠죠?

Would you like to dance with me?
저랑 춤추실래요?

Well, I'm sorry. I can't dance. I have two left feet.
미안하지만 안 되겠어요. 제가 춤을 못 춰요.

get cold feet

겁내다

우리말에 마음을 졸인다는 표현으로 '오금이 저리다'라는 말이 있어요.
또는 긴장하거나 무서워서 '그 자리에 얼어붙었다'라고도 말하고요.
영어에서는 긴장되거나 겁나는 상황에서 발이 차가워졌다고 말해요.
발은 두 개니까 foot이 아니라 feet이에요. get 대신 have를 쓸 수도 있어요.
나 긴장돼. I'm getting cold feet. 또는 I'm nervous.

Sonia, you look nervous.
Sonia, 너 긴장한 것 같다.

I am having cold feet. What if I forget my lines?
무서워. 내 대사를 까먹으면 어떡하지?

6. 우리 몸에 비유한 이디엄

back on one's feet

(건강을) 회복한

아파서 누워 있다가 다시 두 발로 서게 되는 것은
그런 힘이 날 정도로 몸이 회복되었다는 뜻이에요.
앞에 be동사나 get을 써서 말해요.
recover라는 동사도 좋지만, 이런 표현을 쓰면 대화가 더 자연스러워져요.
네가 금방 건강을 회복하기를 바란다. I hope you get back on your feet.

Do you feel like you are back on your feet **now?**
이제 건강이 회복된 것 같니?

No. I still feel weak.
아니, 아직도 좀 힘이 없어.

twist one's arm

~에게 억지로 시키다

누군가의 팔을 비트는(twist) 것은

완력을 써서 어떤 일을 억지로 강요한다는 뜻이에요.

액션 영화에서 경찰이 범인의 팔을 꺾어서 도망가지 못하게 하는 장면을 떠올려 보세요.

저는 하고 싶지 않았는데, 쟤가 억지로 시켰어요.

I didn't want to do that, but he twisted my arm.

conversation

I feel tired. I don't want to exercise today.
피곤해. 오늘은 운동하고 싶지 않아.

I won't twist your arm to go to the gym. Just stay at home.
헬스장에 가라고 강요하지 않을게. 그냥 집에 있어.

6. 우리 몸에 비유한 이디엄

give one a hand

~를 도와주다

누군가에게 손을 준다는 것은 도움을 준다는 의미예요.

'~에게 박수를 보낸다'는 의미도 있는데 그럴 때에는 give one a big hand라고 해요.

도와준다는 뜻으로 give one a helping hand, lend one a hand도 있어요.

저 좀 도와줄래요? Could you give me a hand?

내가 도와줄게요. I'll give you a hand.

When is your moving day?
이사 날이 언제야?

This Saturday. Why? Can you give me a hand on that day?
이번 주 토요일. 왜? 그날 나 도와줄 수 있어?

get out of hand

감당할 수 없게 되다

Things are getting out of hand!

말 타기에서 나온 표현이라고 해요.

말에 올라탄 사람이 고삐를 놓친다면

그 말은 통제 밖이 되는(out of control) 거예요.

우리말로도 '손 쓸 수가 없다'라고 하듯이 어찌할 도리가 없는 거예요.

시위가 감당할 수 없게 되었어. The protest got out of hand.

conversation

You came home early from the party.
너 파티에서 일찍 돌아왔구나.

Yeah, a lot of people got drunk and things got out of hand.
So I left early.
많은 사람들이 취했고 상황이 통제불능이 돼서 일찍 떠났지.

6. 우리 몸에 비유한 이디엄

a rule of thumb

경험상의 규칙

옛날에는 손가락으로 길이를 재었어요. 엄지 길이는 약 1인치.
하지만 그 길이는 사람마다 다르니 엄지손가락의 규칙이란 어림짐작이 돼요.
정확한 측정이 아니라 엄지손가락으로 대충 잰 것이니까요.
딱히 법으로 정해진 것은 아니지만 일반적으로 알고 있는 상식이라는 의미예요.
경험상, 거짓말하는 친구들은 멀리해. As a rule of thumb, avoid friends who lie.

Is there the rule of thumb to tell if pasta noodles have been boiled enough?
파스타 면이 잘 삶아졌는지 알아내는 방법이 있어?

Some people throw a noodle at the wall. If it sticks to the wall, it's ready.
어떤 사람들은 벽에 면을 던지더라. 면이 벽에 달라붙으면 다 된 거지.

keep one's fingers crossed

행운을 빌다

> 나는 내 몸을 꼬아줄게.

> Fingers crossed for you!

손가락을 교차하는 것은 행운을 상징하는 제스처예요.
남의 행운을 빌어줄 때 간단하게 Good luck!
Fingers crossed!라고 말하기도 하고,
길게는 I'll keep my fingers crossed for you.라고 하면 돼요.
나한테 행운을 빌어줘. Keep your fingers crossed for me.

conversation

You're going to take the driver's license test tomorrow, right?
I'll keep my fingers crossed for you!
너 내일 운전면허시험 있지? 행운을 빈다!

Thank you. I really hope I pass the test this time.
고마워. 이번에는 꼭 붙었으면 좋겠어.

kick one's butt

~를 혼내주다

누군가의 엉덩이를 뻥 차는 것은 혼내주는 모습이에요.
엉덩이를 butt, bottom, ass라고도 하는데,
ass는 일상생활에서는 많이 쓰이지만 속어니까 가려서 말하세요.
내가 그를 혼내 줄게. I'll kick his butt.

Someone stole my bike!
누가 제 자전거를 훔쳐갔어!

Don't worry. I'll go find out who did it and kick his butt.
걱정 마. 내가 가서 누가 그랬는지 찾아서 혼내줄게.

dig in

먹기 시작하다

땅에 구덩이를 파는 모습을 dig라고 해요.

먹는 것도 음식을 수저로 파먹는 것이라고 연상할 수 있어요.

음식이 잔뜩 쌓여 있는데 그것을 파고 안으로 들어간다는 말은

본격적으로 먹기 시작한다는 뜻이에요.

(음식을 차려 놓고) 이제 먹읍시다. Let's dig in.

Wow! All the dumplings are gone!

와! 만두가 모두 사라졌네!

Yeah, as soon as everyone was seated,
people really dug in the dumplings.

응, 모두가 자리에 앉자마자 사람들이 만두를 먹기 시작했어.

grab a bite

간단히 먹다

grab은 무엇인가를 움켜쥐는 모습인데,

한 입을 뜻하는 a bite와 함께 쓰면 한 입을 무는 모습이 돼요.

한 입 베어 문다는 것은 간단한 음식으로 끼니를 때운다는 뜻입니다.

간단하게 뭐 먹자. Let's grab a bite.

conversation

Do we still have time to eat before the movie starts?
영화 시작 전에 아직 먹을 시간이 있어?

Not much. Let's go to the snack bar and grab a bite.
많지 않아. 스낵바에서 간단히 먹자.

pop in

~에 잠깐 들르다

pop은 '펑!'하고 터지는 소리에서 나온 말이에요.

그래서 '불쑥 나타나다, 잠깐 들르다'라는 의미로 확장되었어요.

비슷한 표현으로는 drop by, swing by, stop by 등이 있습니다.

잠깐 아이스크림 가게에 들르자.

Let's pop in the ice cream shop.

conversation

I have to pop in the drug store to buy some shampoo.

나 가게에 들러서 샴푸 사야 해.

Are we already running out of shampoo?

샴푸가 벌써 떨어졌어?

7. 일상을 표현하는 이디엄

fool around

빈둥거리다

Your girlfriend is fooling around with your so-called "best friend."

fool은 '바보'라는 뜻으로 많이 쓰이는데, 동사로는 '장난치다'라는 의미이고,
around와 함께 말하면 하는 일 없이 '시간을 낭비하다, 장난치다'
또는 '이성과 노닥거리다'라는 뜻이 돼요.
비슷한 말로 goof around가 있어요.
그만 빈둥거려. Stop fooling around.

conversation

I'm not in the mood for fooling around now.
지금은 노닥거리고 싶은 기분이 아니야.

Okay. I'll take it seriously.
그래. 진지하게 받아들일게.

drag one's feet

꾸물거리다

발을 질질 끈다(drag)는 것은 시간을 끌면서 꾸물대는 모습이에요.
drag one's heels라고 말하기도 해요.
참고로 더 완강하게 버티는 모습은 dig in one's heels라고 말해요.
발을 아예 땅에 꽂고 안 움직이는 거죠!
꾸물거리지 마. Quit dragging your feet.

Stop dragging your feet and make a decision before it's too late!
꾸물대지 말고 너무 늦기 전에 결정을 내려!

I know, I know.
알아, 안다고.

7. 일상을 표현하는 이디엄

play hooky
땡땡이치다

수업을 빼먹는다는 소위 '땡땡이치다'가 play hooky예요.
hooky라는 단어가 학교나 직장을 빼먹는 것을 뜻해요.
뒤에 from을 써서 학교(from school)나
직장(from work)에서 땡땡이를 친다고 말합니다.
너 지금 땡땡이치고 있니? Are you playing hooky?

conversation

Aren't they high school kids?
What are they doing here at this time of day?
쟤네 고등학생들 아냐? 이 시간에 저기서 뭐하고 있는 거지?

They must be playing hooky.
분명 땡땡이치고 있는 거지.

come down with

(병에) 걸리다

만성적인 병이 아니라 일시적인 질병에 걸렸을 때 쓰는 표현이에요.
독감(flu)나 감기(cold), 대상포진(shingles)등
일상에서 많이 걸리지만, 금방 나을 수 있는 병들이요.
이 표현은 간단히 get, catch라고도 말할 수 있어요.
좀 더 중병인 것은 contract라는 동사와 어울려요.

conversation

I think I'm coming down with a cold.
나 감기 걸리려나봐.

Do you want me to get you something?
내가 뭐 좀 가져다줄까?

work against the clock

(시간 맞춰 끝내려고) 열심히 일하다

against는 '~에 맞서'라는 의미예요.
시간에 맞서서 일한다는 것은, 시간이 정해진 가운데 일은 많을 때
제때 마치려고 서둘러 열심히 일하는 모습을 나타내요.
우리 시간이 없어. 서둘러 일해야 해.

We don't have much time left. We have to work against the clock.

Mom, could you iron my suit now? You know I'm not good at ironing.
엄마, 제 양복 좀 다려주실래요? 저는 다리미질을 못하잖아요.

I'm sorry, I can't. I'm really working against the clock
to finish cooking before the guests arrive.
미안하지만 안 돼. 손님들이 도착하기 전에 요리를 끝내려고 내가 지금 엄청 서두르고 있거든.

hit the books

열심히 공부하다

공부를 열심히 한다는 것을 책을 때린다고 표현해요.

hit 대신에 pound를 써서 pound the books라고 말해도 돼요.

점심시간 지났어. 공부하자. The lunch time is over. Let's hit the books.

난 남은 휴가를 책을 읽으면서 보냈어.

I spent the rest of my holiday pounding the books.

Where is Jim?
Jim은 어디 있지?

Don't be surprised. He's in his room hitting the books!
놀라지 마. 자기 방에서 공부하고 있어!

hit the road

출발하다

hit는 '~를 치다, ~와 부딪치다'라는 뜻인데 일상에서 다양한 표현으로 쓰여요.

예를 들어, 전화를 건다고 할 때 hit the phone이라고 말해요.

이제 출발할 시간이야. It's time to hit the road.

자, 이제 출발하자. Let's hit the road now.

conversation

What time will we get there?
우리 몇 시에 거기 도착할까?

If we hit the road now, we'll get there before 6 o'clock.
지금 나서면 6시 전에 도착할 거야.

hit the sack

자러 가다

옛날에 매트리스는 큰 자루(sack)에 지푸라기(hay)를 채워서 만들었다고 해요.

그 위에 몸을 뉘는 것이니까 잠을 자러 간다는 뜻이 되었어요.

그래서 hit the hay 라고도 말해요.

이제 잠잘 시간이야. It's time to hit the sack.

Where are you going, Jim?

Jim, 어디 가?

I'm going to hit the sack.
I have to get up early tomorrow morning.

자러 갈 거야. 내일 아침 일찍 일어나야 하거든.

sleep a wink

눈을 붙이다

직업을 바꾸세요.

I can't sleep a wink at night counting all those sheep.

윙크(wink)는 눈을 감는 것이니까 우리말의 '눈을 붙이다' 정도의 뜻이 돼요.
주로 not 특히 cannot, couldn't와 함께 쓰여서,
잠을 자려고 했는데 '한숨도 못 자다, 뜬눈으로 밤을 새다'라는 의미로 써요.
나 한숨도 못 잤어. I couldn't sleep a wink.

Did you sleep well last night?
간밤에 잘 주무셨어요?

Honestly, I couldn't sleep a wink
because someone was snoring all night long.
사실, 누가 밤새 코를 고는 바람에 한숨도 못 잤어요.

crash at

~에서 묵다

crash는 '충돌하다'라는 뜻이 있지만 '잠을 자다'라는 뜻도 있어요.

나는 자러 갈게. 안녕. I'm going to go crash. See you later.

내 집이 아닌 곳에서 하룻밤 신세를 져야 할 때 이렇게 물어볼 수 있습니다.

이번 주말에 너희 집에서 신세를 질 수 있을까?

Can I crash at your place this weekend?

conversation

When you come to Seoul, you can crash at my place.
서울 오면 우리 집에서 묵어도 돼.

Thank you. That sounds better than a motel.
고마워. 모텔보다 낫겠어.

daily grind

판에 박힌 지루한 일상

곡식을 잘게 가는 것을 grind라고 해요.

옛날에는 먹기 위해서 매일 같이 곡식을 갈아야 했고,

이렇게 가는 행위는 육체적으로 반복적이고 고된 일이기도 했어요.

반복되는 일상이 지루해. I'm tired of the daily grind(routine).

이제 일상으로 돌아갈 때야. It's time to go back to the daily grind.

What are you going to do with your savings?
저금한 돈으로 뭐 할 거야?

I am planning to leave the daily grind **and
travel around the world for a year.**
지루한 일상에서 벗어나 일 년 동안 세계여행을 할 계획이야.

call it a day

하루의 일과를 접다

Let's call it a day.

직장에서 업무를 마치면서 하는 인사로 Let's call it a day.라고 말해요.

하루의 일을 모두 마치고 나서야

그날을 제대로 된 하루라고 부를 수 있다는 의미인 걸까요?

밤에 일을 마친다면 Let's call it a night.이라고 말할 수 있겠죠?

이 표현은 이제 자러 가자는 뜻으로도 말할 수 있어요.

conversation

Where is Bob?
Bob은 어디에 있어?

He called it a day at noon and went home.
12시에 일을 접고 집에 갔어.

7. 일상을 표현하는 이디엄

drink like a fish

술고래처럼 마시다

우리는 술을 엄청 많이 마시는 사람을 가리켜 술고래라고 하잖아요.

영어로는 그냥 물고기 같다고 해요.

고래든 물고기든 바다에서 사니 물(술)을 많이 마실 것 같은 것이죠.

내가 전에는 술을 엄청 마셨지. I used to drink like a fish.

I don't feel good. I have a bad hangover this morning.
몸이 안 좋아. 오늘 아침은 숙취가 심하네.

I'm not surprised. You drank like a fish last night.
당연하지. 너 어젯밤에 술고래처럼 마시더라.

have a long way to go

아직 갈 길이 멀다

우리말로 아직 멀었다고, 가야 할 길이 멀다고 하는 것과 마찬가지예요.
거리상으로 더 가야 한다는 뜻도 있지만,
무엇인가를 성취하려면 더 노력해야 한다는 뜻도 돼요.
(누군가가 칭찬해줬을 때 겸손하게) 아직 멀었어요.

I have a long way to go.

Wow! Your English is good!
와! 영어 잘하시네요!

Thank you, but I still have a long way to go.
고마워요, 아직도 갈 길이 멀어요.

8. 우리말과 비슷한 이디엄

be tied up

바빠서 꼼짝 못하다

끈 등으로 '묶다'를 뜻하는 tie는 be tied로 '묶여 있다'가 되고,
여기에 up을 붙이면 의미가 강조되는 효과가 있어요.
우리말처럼 '(일에) 묶여 있다'는 것은 바빠서 꼼짝 못하다는 표현이에요.
바쁘다고 할 때 I'm busy.라고만 하지 말고 I'm tied up.이라고 말해보세요.
무엇 때문에 바쁜지 말하고 싶다면 뒤에 with를 붙여요.

Can you meet me for lunch at 12 o'clock?
12시에 나랑 점심 먹을래?

I'm afraid I can't. I'm tied up at the office.
안 돼. 나 사무실에 매여 있어.

stab one in the back

~를 배신하다

너 지금 거울로 다 보이거든?

동양이나 서양이나 뒤에서 공격하는 것을
믿음이나 의리를 저버리는 치사하고 부끄러운 짓이라고 여겨요.
사람의 등에 칼을 꽂는 것은 의리를 저버리고 배신하는 행위예요.
우리말의 '배신'의 배는 한자로도 '등 배, 배반할 배'예요.

conversation

I can't believe you stabbed me in the back like this.
Why did you share the secret I asked you not to tell anybody?
이렇게 네가 나를 배신했다는 게 믿을 수 없어. 왜 말하지 말라는 비밀을 말한 거야?

I'm so sorry.
정말 미안해.

tighten one's belt

허리띠를 졸라매다

우리말로도 절약하거나 덜 쓸 때 '허리띠를 졸라맨다'라고 하죠?

미국의 대공황 시기에 사람들이 먹을 것을 살 수 없게 되자

못 먹어서 체중이 줄면서 전에 잘 맞던 바지가 흘러내려갔다고 해요.

그러니 허리띠를 타이트하게 매고 배고픔을 견뎌야 했대요.

이제 허리띠를 졸라맬 때야. It's time to tighten our belt.

Your phone's really old. Don't you want to buy a brand new one?
전화기가 정말 오래되었네. 새 전화기로 바꾸고 싶지 않아?

I'd like to, but I have to tighten my belt until I find a new job.
그러고 싶지만 새 직장을 구하기 전까지 절약해야 해.

have an eye for

~에 안목이 있다

우리말의 '보는 눈이 있다'는 말과 비슷해요.

재미있는 것은 꼭 an eye라고 말해야 한다는 거예요.

have eyes for라고 하면 '~에 관심을 보이다'라는 뜻이 되거든요.

비슷한 표현으로 have a good taste in도 있어요.

당신은 집에 대한 안목이 있네요. You have an eye for houses.

I think I need to buy a car soon.
곧 차를 사야 할 것 같아.

If you want to buy a used car, take Mr. Kim with you.
He really has an eye for cars.
중고차 살 거면 Kim씨를 데려가. 차에 대한 안목이 있더라.

on thin ice

살얼음판 위에

엄마, 저는 괜찮겠죠?

**Danger
Thin Ice**

우리말에도 얇게 언 얼음판이라는 뜻의 '살얼음'이라는 말이 있어요.
언제 깨질지 모르니까 아주 위태롭고 아슬아슬한 상황을 비유하는 말이에요.
be on thin ice 또는 walk on thin ice 같은 표현으로
'살얼음판 위를 걷다, 위험한 상태이다'라고 말할 수 있어요.
나 살얼음판 위를 걷고 있는 것 같아. I feel like I'm walking on thin ice.

conversation

He took his rent money out and invested all of it into stocks.
그는 임대료를 빼서 그 돈을 다 주식에 투자했어.

Why did he do that? It's like walking on thin ice.
왜 그랬지? 살얼음판 위를 걷는 것과 마찬가지인데.

over one's dead body
절대로 안 되는

이런 데서 피어싱 해달라고 해서 미안해요.
아빠의 유언이거든요.

우리말에 '내 눈에 흙이 들어가기 전에는 안 돼!'라는 말 있잖아요?
눈에 흙이 들어가는 것은 아마도 죽어서 땅에 묻힐 때일 거예요.
영어도 비슷해요. 내가 시체(dead body)가 되고 그때 하면 했지,
그전에는 절대 안 된다는 의미예요.
절대 안 돼! Yeah, over my dead body!

conversation

Mom, I want to buy a motorcycle!
엄마, 저 오토바이 사고 싶어요!

Yeah, over my dead body!
내 눈에 흙이 들어가기 전에는 절대 안 돼!

lend one an ear

~에게 귀를 기울이다

덥니?
We'll lend you an ear.

우리말에도 '귀 좀 빌려줘'라고 하면
내 말 좀 들어달라는 뜻인 것과 같아요.
lend는 '빌려주다'라는 뜻이에요.
borrow an ear라는 표현은 없으니 조심!
내 말 좀 들어줘. Lend me an ear.

conversation

If you want to talk about it, I'm ready to lend you an ear.
그것에 대해 말하고 싶으면, 내가 잘 들어줄 준비가 되어 있어.

Thanks. I'll tell you later.
고마워. 나중에 얘기할게.

make one's mouth water

군침이 돌게 하다

우리말에 '입 안에 군침이 돈다'는 말과 유사합니다.

입 안에 생긴 침을 물에 비유하여,

먹고 싶어서 입맛을 다신다는 뜻이 돼요.

먹을 것을 보면서 군침 돌 때, My mouth is watering.이라고도 말해요.

냄새 때문에 군침 도네. The smell makes my mouth water.

The cooking show on TV makes my mouth water. I want to order pizza.
저 요리 프로그램이 군침 돌게 하네. 피자 먹고 싶어.

Then let's order some. I'm hungry, too.
그럼 시키자. 나도 배고파.

roll up one's sleeves

소매를 걷어 붙이다

우리말에 적극적으로 임한다는 의미로 '소매를 걷어 붙이다'라고 해요.

어떤 일에 아주 적극적인 태도를 취하는 모습이에요.

일할 때 손까지 닿는 옷소매는 거추장스러울 수 있으니까요.

우리 소매를 걷어붙일 때야.

It's time to roll up our sleeves.

Attention, please. There are many things to do.
Let's roll up our sleeves and get busy.

여러분. 할 일이 많습니다. 소매를 걷어 붙이고 분주하게 움직입시다.

Okay. Let's do this!

그래요. 어서 이 일을 합시다!

read between the lines

속뜻을 읽다

우리말에 '행간의 의미를 이해한다'는 말과 같아요.
냉전시대에 적군으로부터 군사 기밀을 숨기기 위해
보이지 않는 잉크로 비밀 메시지를 글줄 사이에 써 넣었던 것에서 유래했대요.
진짜 메시지를 읽기 위해서는 글줄 사이를 읽어야 하는 것이죠!
속뜻을 이해해봐. Try to read between the lines.

**Megan said she didn't need anything for her birthday,
so I didn't buy anything. Now she's mad at me.**
Megan이 생일에 아무것도 필요 없다고 해서 아무 것도 안 샀어. 그런데 지금 나한테 화내더라.

**You don't know about girls. Read between the lines when girls say
something.** 넌 여자를 몰라. 여자들이 말할 때는 속뜻을 읽어.

8. 우리말과 비슷한 이디엄

off the record
비공식으로

record는 '기록', off는 무엇이 제거된 것을 나타내어,
'기록이 남지 않는'이라는 의미가 돼요.
차용어처럼 우리도 일상적으로 쓰는 표현이죠!
언론에 발표되지 않은 비공식적인(unofficial) 발언을 할 때에요.
이건 비밀이야. It's a secret.도 좋지만, It's off the record.라고 말해도 좋아요.

Could we talk off the record?
I have something to tell you about Jim.
우리 비밀리에 얘기 좀 할까요? Jim에 대해 드릴 말씀이 있는데요.

Sure. What is it?
물론이죠. 뭔가요?

get goosebumps

소름 돋다

소름이 돋으면 우리말로는 '닭살이 돋는다'고 하는데
영어에서는 거위 살이 돋는다고 해요.
bump는 울퉁불퉁한 모습을 말하는데,
소름이 돋을 때 생기는 오톨도톨한 살갗을 털을 뽑은 가금류의 살에 비유하는 것이죠.
참고로 도로의 과속방지턱을 speed bump 라고 말해요.

It's not that cold.
그렇게 안 추운걸.

It is cold. Look! I got goosebumps.
추워. 봐! 나 소름 돋았잖아.

out of the blue

느닷없이

우리말에 '마른하늘에 날벼락'이라는 표현처럼,

뜻하지 않은 상황에서 일이 일어날 때 사용해요.

out of the clear blue sky라고도 말해요.

예상치 못하게 뜬금없이 일어난 일에 대해 이런 식으로 말해보세요.

그녀가 갑자기 나를 떠났어. She left me out of the blue.

conversation

How did you come up with the idea?
어떻게 그 아이디어를 생각해냈니?

I guess it came to me out of the blue.
그냥 떠오른 것 같아.

laugh one's head off

몹시 웃다

우리말로는 '배꼽이 빠지게 웃다'고 하는데,
영어로는 머리가 떨어지게 웃는다고 해요.
다른 말로 die laughing이라고도 해요.
그 영화 보면서 우리는 배꼽 빠지게 웃었지.
We laughed our head off watching the movie.

conversation

Chris! Come check it out! This video is hilarious.
Chris! 와서 봐봐! 이 비디오 웃긴다.

I've already seen it. It's really funny, isn't it?
I laughed my head off while watching it.
벌써 봤어. 진짜 웃기지? 보면서 배꼽 빠지게 웃었네.

over the moon

날아갈 듯 기분이 좋은

이 표현이 처음 등장한 것은 16세기의 어떤 동요 속의

The cow jumped over the moon.이라는 가사라고 해요.

근래에는 경기에서 이긴 소감을 말할 때 이 표현을 썼다고 해요.

기분이 좋으면 날아갈 것 같다고 하는데, 달까지 갈 정도면 기분이 아주 좋은 것이죠.

나 기분이 아주 좋아. I'm absolutely over the moon!

conversation

Where's your bike?
네 자전거 어디 있니?

You know, I was over the moon about my new bike, right?
It has been stolen.
너 내가 새 자전거 때문에 기분이 날아갈 듯 좋았던 거 알지? 근데 누가 훔쳐갔잖아.

once in a blue moon

어쩌다 한 번

보름달 주기는 29.5일, 평균 한 달 주기는 30.5일이라고 해요.

그래서 어떤 달(month)은 달(moon)이 두 번 뜬대요.

블루문은 100년에 41번, 2년 반에 한 번씩 뜬답니다.

그러니 블루문이 뜨는 것은 정말 드문 일이에요.

난 거의 운동을 안 해. I exercise once in a blue moon.

Does the old lady live alone?
저 할머니는 혼자 사시니?

Yeah, she does. She has two sons,
but they only visit her once in a blue moon.
응, 혼자 사셔. 아들이 둘 있는데 드물게 찾아올 뿐이야.

9. 과장이 들어간 이디엄

go for broke

모든 것을 걸다

내 모든 걸 걸고
신용카드 기계를
샀다네.

아무것도 가진 것이 없는 빈털터리가 되었을 때 I'm broke.라고 말해요.
우리말에 속어로 '못 먹어도 고(go)'라는 말과 비슷해요.
위험을 무릅 쓰고 빈털터리가 될 정도로
자기가 가진 것을 다 걸어 올인한다는 도박 은어를 일상에서도 쓰는 것이죠.
난 모든 것을 걸었어. I went for broke.

None of the horses we've chosen have won so far!
지금까지 우리가 고른 말들이 우승을 못 했어!

Let's go for broke! We'll put all our money on Thunderbolt in the last race.
올인하자! 가진 돈을 모두 마지막 경기에서 Thunderbolt에게 거는 거야.

be flat broke

완전히 빈털터리다

flat은 기본적으로 '평평한'이라는 뜻이에요.
바람이 빠진 타이어를 flat tire라고 하고, 김빠진 음료수는 flat soda라고 해요.
그런데 1800년대에는 flat이라는 말이 '완전히'라는 뜻이었대요.
그러니 flat broke라고 하면 돈이 완전히 바닥난 상태를 말해요.
나 완전 빈털터리야. I'm flat broke.

Can I borrow some money from you?
너한테서 돈 좀 빌릴 수 있을까?

Sorry. I'm flat broke. I don't even have a dime on me.
미안해. 돈이 완전 바닥났어. 십 원 한 장도 없어.

9. 과장이 들어간 이디엄

to die for

끝내주는

"This chocolate cheese cake is to die for."
와이프의 이 말이 제 생애의 마지막이었죠.

그것을 위해 죽는다는 것은 목숨과도 바꿀 수 있다는 말이 돼요.

너무 좋은 것이기에 아주 갖고 싶은 상태를 말합니다.

우리말에 '끝내준다'고 하는 것과 유사하죠?

음식이 끝내준다. The food is to die for.

경치 죽인다. The scenery is to die for.

conversation

How was your trip to Italy?
이탈리아 여행 어땠어?

It was fantastic! The weather was perfect, people were friendly,
and the food was to die for.
환상적이었어! 날씨는 완벽했고, 사람들은 친절했고, 음식은 끝내줬지.

dressed to kill

짝 빼입은

우리말에 '그거 죽인다'라고 하면 정말 죽이는 게 아니라,

굉장히 멋지고 근사하다고 강조하는 표현이 되잖아요?

영어에서도 머리부터 발끝까지 멋지게 차려 입은 모습을 이렇게 표현해요.

dressed to the nines라고 말해도 돼요.

와, 오늘 짝 빼입었네. Wow! You're dressed to kill today.

conversation

Wow! Look at Jena. She's dressed to kill tonight.

와! Jena 좀 봐. 오늘 밤 짝 빼입었네.

She must be trying to impress Justine.

Justine에게 잘 보이려는 게 분명해.

kill time

시간을 때우다

우리말에도 일상에서 하릴없이 시간을 때우고 있을 때
'시간 죽인다'라고 해요.
'~하면서 시간을 때우다'라고 할 때는 뒤에 by -ing나 while -ing,
아니면 그냥 -ing를 써서 말해요.
나 그냥 TV보면서 시간 때웠지. I just killed time watching TV.

What time did you arrive here?
여기 몇 시에 도착했어?

I got here way too early, so I just killed time at a bookstore.
너무 일찍 도착해서 그냥 서점에서 시간 때웠지.

Time flies.

시간이 빨리 간다.

시간이 화살과 같이 간다. Time flies like an arrow.

이 말을 간단하게 Time flies.라고 말해요.

시간을 날아가는 화살에 비유한 것이니

시간이 쏜살같이 지나가는 게 돼요.

It's already 5 o'clock. Gee! Where did the time go?
벌써 5시야. 이런! 시간이 어디로 간 거야?

You know, time flies when you're having fun.
재미있으면 시간가는 줄 모른다잖아.

go overboard

오버하다

overeat는 '과식하다', overreact는 '과잉으로 반응하다', overdo는 '과장하다'
이렇게 over는 과하다는 의미예요. board는 배의 '갑판'을 뜻하는데,
갑판을 넘어 배 밖으로 나간 것이니까 도가 지나친 것이죠.
비슷한 표현으로 go too far(가도 너무 가다)가 있어요.
너 너무 갔어. You went too far.

**So, who is the guy you talked to for hours at the party?
Is he your new boyfriend?**
그래, 파티에서 몇 시간 동안 얘기했던 사람은 누구야? 새 남자 친구?

Don't go overboard. We are just friends.
오버하지 마. 우린 그냥 친구야.

the spitting image of

~와 판박이

서로 얼굴이 매우 닮은 사람을 우리말로 '붕어빵'이라고 하는 것과 같아요.
붕어 모양의 틀에 반죽을 부어서 똑같은 붕어빵이 여럿 나오는 것이죠.
이 표현도 마치 뱉어 놓은 것(spitting image)처럼 똑같다는 뜻입니다.
오래된 표현이지만 a chip off the old block도 같은 뜻이에요.
그는 아버지와 완전 붕어빵이야. He is the spitting image of his father.

Have you seen the picture of Lisa's new born baby yet?
Lisa가 낳은 아기 사진 봤니?

Yes! She's the spitting image of Lisa!
완전 Lisa를 그대로 빼다 박았던데!

9. 과장이 들어간 이디엄

written in stone

확정된

돌에 무엇인가를 쓴다면 그것은 쉽게 지워지지 않겠죠?

묘비도 돌로 만들어지는 것처럼요.

묻힌 사람을 영원히 기억하고 싶은 거예요.

written 대신에 carved(새기다)라고 말해도 돼요.

그 계획은 확정이 아니야. The plan was not written in stone.

Is the schedule for class written in stone?
수업 일정표가 확정인가요?

No. We can change it.
아니요. 바꿀 수 있어요.

a stone's throw away

가까이에

근처에 있다는 것을 돌 던지면 닿을 거리에 있다고 표현해요.

우리말에는 더 재밌고 과장된 표현이 있습니다.

'엎어지면 코 닿을 거리'라는 말이요.

제 친구 집은 엎어지면 코 닿을 정도로 가까이 살아요.

My friend's house is a stone's throw away.

Jake. Nice to see you again. Do you live near here?
다시 만나서 반가워요, Jake. 이 근처에 살아요?

Yes. My house is just a stone's throw away from the mall.
네, 몰에서 엎어지면 코 닿을 거리에 살아요.

a far cry

매우 다른 것

소리를 질러도 들리지 않을 만큼 서로 멀리 떨어져 있다는 말이에요.
from과 함께 써서 '~와는 완전히 다른 것'이라고 말할 수 있어요.
영화가 원작과 내용이 너무 다를 때 이렇게 말해보세요.
영화가 책이랑 너무 다르잖아. The movie is far cry from the book.

How's the life in the big city?
도시에서 사는 건 어떠니?

We love it. Living in the big city is a far cry from living in the countryside.
맘에 들어. 대도시에서 사는 것은 시골에서 사는 것과 정말 달라.

under one's breath

낮은 목소리로

Stop mumbling
under your breath!
큰 소리로 말해, 녀석아!

선생님,
바지 지퍼가 열렸다고요.

숨소리 아래라는 것은 숨소리보다 조용하다는 뜻.
다른 사람이 알아듣지 못하도록 거의 혼잣말처럼
나지막한 목소리로 속삭인다는 말이에요.
below one's breath라고 말해도 된답니다.
그가 작은 소리로 욕했어. He swore under his breath.

conversation

Did you tell him to turn down the music?
음악 소리 좀 낮춰달라고 말했어?

**I did, but he muttered something under his breath and
turned up the volume instead. Oh, I'm so mad!**
했지. 근데 뭐라고 중얼거리더니 오히려 소리를 더 높이는 거야. 아, 정말 화나!

9. 과장이 들어간 이디엄

blow one away

~를 놀라게 하다

'불다, 날리다'라는 blow 뜻 그대로

불어서 누군가를 멀리 보냈다는 것은

그 사람을 감정적으로 놀래 주거나 크게 감명시켰다는 뜻이에요.

놀란 사람을 주어로 놓는다면, 예를 들어 이렇게 말할 수 있어요.

나 정말 놀랐어. I was blown away.

conversation

Did you have a good time on your birthday?

생일 즐겁게 보냈니?

Yes. One of my friends made a birthday cake for me.

It blew me away.

응. 친구 하나가 생일 케이크를 만들어 줘서 깜짝 놀랐어.

a needle in a haystack

거의 불가능한 일

건초(hay) 더미(stack) 속의 바늘 찾기!

지금처럼 금속으로 된 바늘을 찾으라는 것도 어려운 일일 텐데,

옛날에는 바늘을 나무나 뼈로 만들었다고 하니

건초 더미 속에서 바늘을 찾는 것은 정말 불가능한 일이었겠어요.

그건 거의 서울에서 김 서방 찾기야. It's like finding a needle in a haystack.

conversation

Why is it so hard to find a bottle opener?
왜 병따개 하나 찾는 게 이렇게 힘들지?

**Tell me about it. Finding anything in this kitchen
is like looking for a needle in a haystack.**
그러게 말이야. 이 부엌에서 뭔가를 찾는 건 서울에서 김 서방 찾는 꼴이야.

in the nick of time

아슬아슬하게

nick은 표면에 새긴 가는 자국을 가리켜요.

80년대에 in the nick이라고 하면 어떤 일이 일어날 '정확한 순간'을 뜻했대요.

nick이 가늘고 날카로운 자국이라는 데서 착안한 표현인 거죠.

같은 뜻으로 just in time이 있어요.

아슬아슬하게 마지막 버스를 탔어. I got on the last bus in the nick of time.

conversation

You were worried about your paper. Did you turn it in?

리포트 걱정하더니. 제출했어?

Yeah, I did just in the nick of time.

The professor was about leave his office.

응, 아슬아슬하게 제출했지. 교수님이 막 사무실을 나가려고 하셨어.

9. 과장이 들어간 이디엄

be cut out

적합하다

어릴 때 했던 종이인형놀이 기억하시나요?
옷을 오려서(cut out) 종이인형에 입히는 것인데,
당연히 종이를 딱 맞게 오려서 입히겠죠!
뒤에 for를 붙이면 '~를 위해 오려졌다' 즉, '~에 제격이다'라는 말이 됩니다.
내가 그 자리에 딱 인데. I'm cut out for the position.

She is so smart, kind, and patient with others.
I think she is cut out to be a teacher.
그녀는 똑똑하고 친절하고 참을성이 많아요. 선생님이 제격이죠.

She also likes to explain things to others. Teaching is a good call for her.
뭔가를 설명하는 것도 좋아하죠. 가르치는 것이 그녀에게 좋은 선택이네요.

wear beer goggles

(술 때문에) 눈에 콩깍지가 씌다

자꾸 헛것이 보이네...

보통 사람들은 술에 취하면 판단력이 흐려진다고 하죠?

goggles는 안경(glasses)을 뜻해요.

술에 취해서 눈에 콩깍지가 씌었다는 말을

'맥주 안경을 쓴다'라고 표현한 게 재미있죠?

너 취해서 콩깍지가 씐 것이 분명해. You must be wearing beer goggles.

conversation

Do you still think that Brian is the best looking guy ever?
너 아직도 Brian이 지금까지 본 남자들 중에 가장 잘생겼다고 생각해?

I must have been wearing beer goggles. **He just looks normal today.**
눈에 콩깍지가 씌었었나봐. 오늘은 그냥 평범해 보이네.

S / T / U

V / W / X / Y / Z

하루 하나
그림 이디엄 ①

초판 1쇄 발행 2020년 9월 10일

글/그림 김수진
기획 및 편집 오혜순
디자인 및 조판 박윤정·오혜순
영업마케팅 정병건

펴낸곳 ㈜글로벌21
출판등록 2019년 1월 3일
주소 서울시 종로구 삼일대로 15길 19
전화 02)6365-5169   팩스 02)6365-5179   www.global21.co.kr

ISBN 979-11-91062-01-4 14740
      979-11-91062-00-7 (세트)